POLITIQUE DU MEDECIN DE MACHIAVEL, OU LE CHEMIN DE LA FORTUNE OUVERT AUX MEDECINS.

Ouvrage réduit en forme de Conſeils, par le Docteur *Kum-Ho-Ham*, & traduit ſur l'Original Chinois, par un nouveau Maître és Arts de St COSME.

PREMIERE PARTIE.

Qui contient les Portraits des plus Célebres Medecins de PEKIN.

Dii, quibus Imperium eſt animarum, umbræque ſilentes.
Et Chäos, & Phlegeton, loca nocte ſilentia latè,
Sit mihi fas audita loqui: ſit numine veſtro,
Pandere res altâ terrâ & Caligine merſas.
Ibant obſcuri ſolâ ſub nocte per umbram, &c.

VIRG. L. VI. *Æneid.*

A AMSTERDAM,
Chés les *Freres* BERNARD.

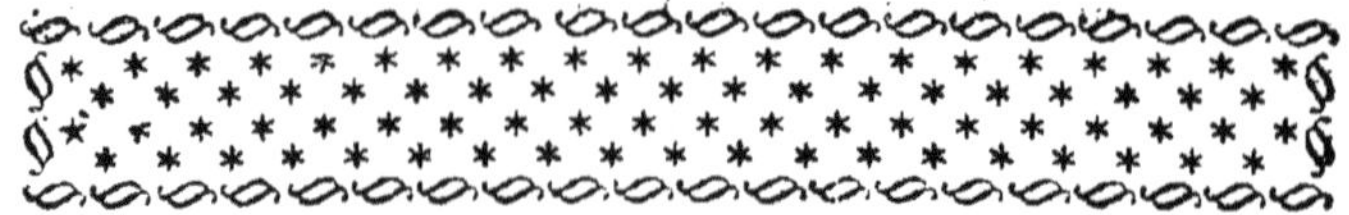

A MONSEIGNEUR

DE LANGLADE VICOMTE DE CHAYLA,

BARON DE MONTOROUX ET Chambon, Chévalier des Ordres du Roi, Directeur-Général de la Cavalerie & Dragons, Gouverneur de Ville-Franche en Roussillon, Lieutenant-Général des Armées du Roi, Commandant de la Ville & Château de Gand &c.

ONSEIGNEUR,

On ne loüeroit jamais le vrai mérite, s'il falloit attendre qu'il y consentît. Ne craignés pas cependant que je vienne vous ennuier, l'encensoir à la main. Je ne vous parlerai, MONSEIGNEUR, ni du courage de ce Guerrier, qui, par le plus heureux combat, s'est ouvert les portes d'une Ville, d'où dépendoient les heureuses suites de cette Campagne, ni de

ces traits de générosité & de bienfaisance, dont vous m'avés comblé, avec tant d'autres. C'est le sort de Votre Sang de blanchir au Service des Rois, & d'aimer à faire le bien. Je supprimerai même, si vous voulés, MONSEIGNEUR, pour mieux vous faire ma cour, la juste comparaison, qu'on pourroit faire de Vous, avec un Celebre Philosophe, & un des plus grands Généraux de l'Antiquité, Socrate, & Alcibiade, quoique, de l'aveu de tous ceux qui se connoissent en mérite, vous réunissiés la sagesse de l'un, la valeur de l'autre, & l'esprit de tous les deux.

Mais, MONSEIGNEUR, en désirant dans l'Ouvrage, que j'ai l'honneur de Vous offrir, une plaisanterie plus fine, & plus délicate, plus d'art dans les Portraits, plus de legereté & d'agrémens dans le stile, pourriés vous ne pas agréer la seule reconnoissance qui soit en mon pouvoir, comme un aveu des sentimens d'un Philosophe, moins touché de Vôtre Grandeur, que des qualités aussi aimables, qu'essentielles, & de Vôtre Cœur & de Vôtre Esprit. J'ai l'honneur d'être avec le plus tendre & le plus respectueux attachement.

MONSEIGNEUR,

Vôtre trés-humble & trés-obéïssant Serviteur &c.

AVANT-PROPOS.

MR. *Astruc*, curieux Litterateur, & Compilateur laborieux, a voulu sçavoir ce que les *Chinois* pensoient de la Vérole, & moi (sans me comparer à un écrivain qui écrit avec *legereté & précision*, & qui a toute la *profondeur* que suppose l'universalité de ses connoissances) j'ai desiré, il y a longtems, connoître leur Medecine, leurs Medecins, & l'idée qu'en avoient les Sçavans & les Beaux-Esprits de ce vaste Empire. C'est pourquoi dés ma plus tendre jeunesse, je m'embarquai en qualité de *Maître és Arts*, dans un vaisseau de la Compagnie des Indes, qui alloit à *Me-a-co*. J'y ai demeuré 20. ans. Quelque difficile que soit la langue *Chinoise*, je l'ai apprise enfin. J'ai voiagé dans ce grand Roiaume, j'ai recherché la familiarité des Sçavans, parmi lesquels je n'en ai trouvé que deux vraiment dignes de ce titre, (car les Grands Hommes ne sont communs qu'en France) dont l'un est nommé *Bak-Ko-Kurb*, & l'autre *Fum-Ho-Ham*. C'est à ce dernier, qui est premier Medecin de l'Empereur *Kein-long* (1) aujourd'hui regnant, que je dois la découverte d'un manuscrit encore plus précieux, s'il est possible, que celui qui a été envoié par les R. P. Missionaires de la *Societé de Jesus*, au fameux *Crysologue* dont j'ai parlé: Non que cet *Archiatre*, prétendu Chirurgien dans l'Ouvrage, soit l'Auteur de ce manuscrit; il le tient, comme il me l'a raconté lui-même, de ses ancêtres, qui dans tous

(1) C'est-à-dire, *bienfait du Ciel*.

les tems ont eû des Medecins dans leur famille, & qui ont ſoigneuſement fait paſſer ce tréſor de génération en génération. J'ai d'abord été tenté, à l'exemple de ce *Grand* Perſonnage (1), de faire graver ſur l'airain l'original *Chinois*, tel que j'ai le bonheur de le poſſéder, mais la traduction que je me propoſois de publier enſuite, eut trop perdu à la comparaiſon. C'eſt cette traduction, ce fruit mûr de 15. années d'un travail aſſidu, que je donne enfin au Public. J'ai été touché de la miſere, où les Lettres ſont aujourd'hui en France, & j'ai voulu enrichir ma pauvre Patrie de cette excellente production. Quel *Legs* comparable aux œuvres d'un auſſi fin & auſſi judicieux Critique que *Fum-Ho-Ham!* Ariſtarque des Medecins, honnête-homme, comme *Linacre* même, il ne paroit occupé qu'à faire diſtinguer la Charlatenerie, de la vraie Medecine, comme on ſépare l'yvraie du bon grain. Aux dépens de ſa propre fortune qui dépendoit de l'amitié de ſes Confreres, il en a démaſqué les ruſes & l'artifice, &, comme il le dit lui-même, il n'a voulu être vraiment Medecin, que pour être meilleur Citoien. Quelle reconnoiſſance ne lui devons nous pas?

J'avois d'abord traduit cet Auteur, avec la derniere éxactitude, dans le deſſein de conſerver toutes les beautés d'un écrivain qui a mérité le ſurnom de *Grand*. Mr. de *Montfour*, qui, quoiqu'en diſe un (2) Jéſuite qui a paſſé 30. ans dans le Palais Impérial, ſçait parfaitement la

---

(1) *Aſtr.*

(2) Le *P. Fouquet.* Mais le jugement de M. *Aſtr.* eſt ſans doute préférable au ſien, quoiqu'il n'ait point été à la *Chine*. Quand un auſſi *grand Homme* que celui-ci a décidé, peut-il jamais avoir tort, quoiqu'il décide de tout?

langue *Chinoiſe*, qu'il a appriſe, comme *Adam* apprit la Philoſophie, *Montfour*, dis-je, cet homme admirable, qui a fait une Grammaire dans une langue (la plus difficile de toutes), dans laquelle il n'a jamais eû de Maître, ni lû de livres, & pluſieurs autres auſſi habiles Profeſſeurs paroiſſoient aſſés contens de la fidélité de ma Copie. Mais quelques gens d'eſprit & de goût que j'ai heureuſement conſultés, avant que de rien donner à la Preſſe, m'ont fait ſentir que la mode du ſiécle ne me ſeroit pas favorable, & que *Pekin*, *Mé-a-co*, *Canton*, *Confucius*, *Aventius*, *Bak-Ko-burg* & tant d'autres noms inconnus de Villes & de Sçavans, refroidiroient un ſtile plein de feu, anéantiroient une infinité de petites choſes qui intéreſſent toujours, quand on eſt familier avec leurs idées, & en un mot mettroient le dégoût & l'ennui, à la place de mille agrémens.

Voilà les raiſons qui m'ont engagé à faire paſſer les mers à mon *Chinois*, c'eſt-à-dire, à tranſporter la ſcéne en France, dans la Capitale, & dans les plus fameuſes Univerſités, à habiller, pour ainſi dire, à la Françoiſe, le manuſcrit, & enfin à le traduire & même quelquefois à le commenter plus librement encore, que *Fum-Ho-Ham* n'accuſe avoir traduit lui-même le Celebre *Machiavel*.

Ici ſe préſente la plus curieuſe des Anecdotes Littéraires. Tout ce que dit le Sçavant Docteur de *Pekin*, ſa modeſtie même, qu'il ſemble avoir pouſſée à l'excés, pour faire rougir nos Auteurs de leur impertinente vanité, rien ne peut m'en impoſer. Je dois cette juſtice au grand *Fum-Ho-Ham*, qu'il n'y a ni Bourgs, ni Villages à la *Chine*, où il ne paſſe pour être le véritable Auteur de cet Ouvrage, que, pour certaines raiſons, qui ont été la bouſſole de ſa conduite, il a cru pouvoir attribuer à un nom ſuppoſé; de ſorte que je ne doute nullement que

Machiavel, qui a vû un nom ſemblable au ſien, à la tête d'un livre qui devoit l'illuſtrer, n'ait volé *Fum-Ho-Ham* qui vivoit en effet l'an du Soleil 10000000000000000. avant *Machiavel*.

Mais pour dire ici en paſſant, ce que j'ai toujours penſé de ce Politique, ſi *dangéreux* hors du labyrinthe de la Medecine, dont les détours lui ont été peu connus; je le regarde comme un grand Fripon, de même que tous ſes Commentateurs. Je n'excepte que *Valentinus*, qui eſt bien le plus honnête & le plus ſot homme qui ait écrit. Quelque reſpectables que ſoient les autres, ce ſont des Fripons, je le repete. Pourquoi ſe ſont-ils aviſé d'être Auteurs? Seroit-ce donc peu de choſe que d'être un grand Prince, un grand Miniſtre? Et n'y auroit-il aucune vanité à tirer d'un rang, où le hazard nous éleve? Non, l'eſprit ſeul & les talens doivent réellement diſtinguer les hommes; *Corneille* étoit audeſſus du Cardinal *** qui pour des ſommes immenſes auroit voulu avoir ſon génie & même acheter ſes ouvrages & ſa réputation. Combien de Fermiers-Généraux (j'entens ceux à qui l'éducation à appris à penſer) vendroient leur place pour quelques grains de celle de *Voltaire!* Mais en courant aprés la vraie gloire, qui a ſa ſource dans le génie, on tombe ſouvent, pour vouloir trop s'élever, & le Maître ſe ſoumet à ſes Sujets, qui le jugent, & qui ſont à ſon tour ſes Souverains. Mais je m'écarte, revenons.

Les François, peuple volage & plein de lui-même, mépriſent volontiers les uns, auſſi legérement qu'ils prodiguent aux autres, l'eſtime qu'ils ont principalement pour eux-mêmes. Je veux leur apprendre ici le cas qu'ils doivent faire d'écrivains auſſi reſpectables que les *Chinois*, moins encore par leur Antiquité, que par leur Sageſſe. Mais à ne conſulter que leur préjugés pour la Nation Angloiſe, j'aime à penſer qu'ils en auroient de plus favorables encore pour les *Chinois*, s'ils pouvoient les connoître avec la même facilité. On chérit, on admire aujourd'hui nos voisins, parce qu'ils sont separés de nous par un petit ruisseau. Cette admiration est la maladie Epidemique de nos plus Beaux-Esprits. S'ils voiageoient à la *Chine*, si les bons Ouvrages de cet Empire leur étoient connus, quelle estime, quelle vénération n'auroient-ils pas pour des écrivains separés de nous par l'immensité des mers?

Avant le commencement de ce siécle, on n'avoit jamais imaginé que le génie Anglois fut, je ne dis pas préférable, mais comparable aux bons Esprits de France. Pourquoi donc ne se prendroit-on pas quelque jour de la même prévention, de la même fureur de goût pour les *Chinois*, dés qu'une fois j'aurai fait sentir tout leur mérite à ma folle Nation? Pourquoi une *petite perruque* que porteroient les amateurs des grands Hommes de la *Chine*, ne deviendroit-elle pas aussi comme l'Etiquete de ces Sectateurs, & la marque de leur admiration & de leurs nouveaux hommages? Souvenés-vous de cette Prophetie; à peine aurai-je les yeux fermés à la lumiere, qu'elle s'accomplira, pourvû que Dieu me laisse encore quelques années, pour achever ma traduction des deux Vol. in F.° de *Bak-Ko-Burg*, qui contiennent la Critique de tous les écrivains François, depuis la fondation de la Monarchie. J'aurai sans doute assés vêcu, si aprés avoir montré tout le zéle des *Chinois* pour les Citoiens malades, je démontre en mourant, l'extrême différence qu'il y a, entre les génies de trois grandes Nations, & qu'en un mot la beauté & la solidité, qui se soutiennent & s'embelissent tour à tour, font la trempe & le rare caractere de l'esprit des Beaux-Esprits de *Pekin* principalement, (car en *Chine*, comme en France, il n'y a de beaux génies, que ceux qui ont été élevés dans la Capitale, ailleurs l'esprit ressemble à ces plantes semées dans un mauvais terrein, elles n'y croissent point, ou elles y dégenerent, à moins qu'elles ne soient extrêmement cultivées).

Voilà la Nature des plus excellens Esprits que je connoisse. J'ai dejà insinué ce que je pense du génie de mes Patriotes. En général il est leger, superficiel, incertain, mignard, & vain; l'amour propre seul paroit presque toujours être la regle de leurs jugémens, & de leurs décisions. Tel qui éleve *Pope*, audessus de *Voltaire*, *Sakespaier* audessus de *Corneille*, *Newton* audessus de *Descartes*, a plus de vanité cent fois, que celui qui sachant apprétier philosophiquement le génie en soi-même, décide avec verité que les Anglois ne sont point comparables aux François. Qu'est-ce enfin que le génie Anglois, puisque la rapidité de ma plume me conduit à l'examiner, sans m'écarter de mon sujet? Ce n'est, à mon avis, qu'une impétuosité féroce, comme le Poëte des François a peint le courage de leurs soldats, il ne reconnoit aucun frein; au contraire plus il est grand & vaste, plus il secoüe le joug des regles, plus il semble dédaigner de s'asservir au goût & à l'ordre; s'il s'éleve ici, c'est pour retomber là, rien de soutenu, rien de si constamment beau, que chés nos bons Esprits. En un mot le génie Anglois fait des Entousiastes & non des écrivains sages; la verité est bientôt confondüe avec l'erreur, par les ressorts peu mesurés de leur imagination: toujours comme en délire, elle ne connoît ni la raison, qui doit toujours conduire l'esprit & présider à un Ouvrage, ni les bornes qui lui sont préscrites.

Aprés cela lequel des deux suffrages flattera le plus la Nation *Chinoise*? Au quel mépris serat'elle le plus sensible? Il faut croire que tout hommage la flattera. Les Medecins de l'*Eu-*

rope, qui forment une Societé éclairée, surtout chés l'Etranger, se contentent bien le plus souvent de l'estime & de l'admiration du vulgaire. Combien peu de Docteurs dans Paris recherchent les seuls éloges qui puissent flatter l'amour propre, ceux des vrais Sçavans! Pourquoi donc à la *Chine* seroit on plus délicat, ou plus difficile qu'en *France*? Il est vraisemblable que nos hommages, quoique assés vils communément, pourroient satisfaire l'ambition & la vanité d'un peuple, qui ne paroit pas à beaucoup prés, en avoir autant que nous & *nos voisins*.

Je dois avertir que j'ai quelquefois mis du mien, dans l'Ouvrage de *Fum-Ho-Ham*, non qu'il fut nécessaire de faire distinguer mon esprit, d'un génie aussi supérieur, mais afin qu'on sache que j'ai adouci les peintures, qui m'ont paru trop chargées, & que j'ai rapproché les traits les plus satyriques des mœurs & des usages des Medecins François. Tant de friponeries, tant de vices, & même de crimes odieux ne pouvoient leur convenir. Quoiqu'ils aient presque tous fort peu de sçience, & que tout leur mérite consiste dans l'habileté de leur Charlatenerie, ou à plaire aux Dames par de petits remedes aussi *innocens*, qu'agréables, & par de *jolies choses* qui les amusent, nous devons croire pieusement que leur éducation doit les garantir de tous ces écueils de la probité, qu'on trouve à chaque pas dans nôtre Ancien Auteur, & qui font trembler la vertu la plus assurée.

Mais cependant si l'on imaginoit que mes propres adoucissemens me trahissent, si j'apprens que l'on se croit désigné particulierement par un Traducteur, espece de Copiste qui n'a eû que des vûes générales, tandis que l'Auteur seul est coupable; alors je ferai dans une seconde édition, ce que je n'ai pas fait dans celle-ci, c'est-à-dire, que je nommerai ceux auxquels je n'avois ſeulement pas penſé, & l'on peut compter que je tiendrai parole. Sera-ce ma faute à moi, ſi des Medecins qui doivent être diſcrets par état, ceſſent de l'être à leur dépens, & ſi, aveugles ſur leurs propres intérêts, par des plaintes auſſi injuſtes, qu'inconſiderées, ils apprennent au Public qu'ils reſſemblent parfaitement aux Docteurs dévoilés, & ſi rigoureuſement chatiés par le *Regnier* & le *Moliere* des *Chinois*? Serai-je coupable des plaiſanteries & des railleries, auxquelles leur propre indiſcrétion les mettra inévitablement en butte, parce qu'ils auront aprêté à rire à des gens, que les ridicules de la Faculté, quoique groſſierement exposés par un comique peu digne de ſon Auteur, n'y avoient dejà que trop diſpoſés.

Nous ne devons cet Ouvrage, dans la perfection où il eſt aujourd'hui, qu'aux plaintes faites ſur les idées génerales que *Fum-Ho-Ham* avoit publiées, pour la reforme de la Medecine de ſon Païs. A meſure que quelqu'un élevoit la voix, ou paroiſſoit vivement piqué, il mettoit un carton à ſon livre, & nommoit les maſques.

J'imiterai certainement mon Auteur, & comme il n'eſt pas poſſible que les diſcours & les plaintes ne me reviennent, c'eſt alors qu'on aura lieu de pouſſer des cris, que tous les Echos de la Faculté feront retentir ſur ceux de *St. Coſme*, qui en riront. Non ſeulement chaque perſonnage ſera déſigné par tous ſes noms, & toutes ſes qualités, mais par ſa figure. A chaque Portrait, il y aura une Eſtampe qui repréſentera le Docteur dont je parlerai. *Bacouill* ſera le premier peint & gravé d'aprés Nature, *referens faciem cacantis*, comme je le dis, & jamais *Suétone* n'aura ſi bien ſaiſi la reſſemblance de l'*Empereur Veſpaſien*. Enfin je donnerai la clé de tout l'Ouvrage.

Les Charlatans de tous les Climats ſe reſſemblent, les mêmes profeſſions ont les mêmes intrigues & les mêmes ruſes. Il ne ſeroit donc pas ſurprenant qu'il y eut de grands Medecins à la *Chine*, qui fuſſent des eſpeces de *Somnambules*, comme *Philantrope* ; des Charlatans qui vendiſſent de l'eau de Fongere, de l'eſſence de venus ; ou des tiſannes Antiveneriennes, comme *Verminoſus*, Sigogne, *Mongin* &c. ; des Medecins, qui fiſſent des Comedies & des Romans, comme *Eſope* & la *Roſe* : d'autres qui blamant la ſaignée, ne vantaſſent que les *ſimples*, pour duper ceux qui le ſont, tels que les freres *Tourneſol* ; quelques uns, qui pour oublier ceux qui les oublient, paſſaſſent tous les jours 15. heures au lit, tels que *Rufus* ; qu'il y en eût d'ignorans qui par le jeu, comme *Bacouill*, par une belle femme, comme *Eroſiatre*, ou en faiſant la cour à des valets, comme *Jonquille* &c. s'introduiſiſſent dans celle des Rois & des Empereurs.

Un Sçavant Medecin de *Louvain* (1), connu par quelques Ouvrages qui lui ont fait honneur, vous dira qu'*Angel* balança par ſon ignorance le ſçavoir du Celebre Commentateur Latin des *Aphoriſmes de Boerhaave* (2). Et l'*Archi-Angel* des François, *Bacouill*, plus heureux encore qu'ignorant, ne l'a-t'il pas emporté ſur les plus redoutables Rivaux ? Tant il eſt vrai que le vice & l'imperitie peuvent être par tout également favoriſés, & qu'en un mot les mauvais Medecins ſont de tous les Païs ! Et par conſequent, je le repete, il ne ſeroit point du tout étonnant que quelques uns des nôtres, (parmi leſquels la mediocrité ne ſe fait gueres déſirer, ſi ce n'eſt en Charlatenerie) ſe trouvaſſent peints dans cet Ouvrage, comme ces auditeurs, qui ſe reconnoiſſent de bonne foi dans les portraits que font nos Prédicateurs, quoique ce ſoit par ha-

---

(1) *Mr. Rega.* (2) *Van Swieten.*

zard, ou par une certaine uniformité néceſſaire de la nature & des états, ſans que j'aie peut-être l'honneur de connoître ceux qui ſe croiront les plus maltraités.

Au reſte, quoiqu'il en ſoit, que ces Medecins de nom n'ajoutent pas à leurs défauts & à leurs ridicules la vanité de croire, que c'eſt d'eux-mêmes, de leurs mœurs, (qui ſont toujours ſacrées pour moi, mais non toujours pour *Fum-Ho-Ham*) de leur conduite, & enfin de leurs Ouvrages, qu'on a voulu parler & faire l'hiſtoire: autrement je leur proteſte, qu'au moindre murmure que j'entendrai, & leurs noms, qui joüiſſoient d'une heureuſe obſcurité, & leurs plates figures, qu'on n'avoit jamais conſiderées, ſeront honteuſement conſacrés à la poſterité, dans un livre qui ne peut certainement perir.

En effet c'eſt d'un Ouvrage, tel que celuici, & non d'un mauvais *Traité des Fiévres malignes*, qu'on peut dire, *exegi Monumentum ære perennius.* (1) *Fum-Ho-Ham* a approfondi un ſujet abſolument neuf, & qui n'avoit pas même été effleuré par qui que ce ſoit, un ſujet utile pour la reforme de la Medecine, pour la perfection des Medecins, & la ſûreté des malades. Une ſage & fine politique, que la probité accompagne toujours, comme ſi elle eut été faite, pour ſervir d'Antidote à celle de *Machiavel*, eſt la baze de ſon Ouvrage; enfin les agrémens du ſtyle ſont peut-être inimitables dans l'original, mais quelque verſé que je ſois dans la langue *Chinoiſe*, j'aurai ſans doute mal rendu les plus grandes fineſſes, & les principales beautés de *Fum-Ho-Ham*.

La Medecine eſt ſans contredit la plus utile & la plus néceſſaire de toutes les Sçiences (2).

(1) *Epigraphe* de Chirac. Quelle vanité!
(2) *Utilis, neceſſaria.* Boerh. *Inſt. Med.*

Les Medecins ſont même les ſeuls Philóſophes qui ſoient utiles à la République & ſervent l'Etat. Tous les autres ſont des Hommes oiſifs, qui ſe contentent d'admirer la nature, les bras croiſés, ſans pouvoir lui porter le moindre ſecours. Les Abeilles vont chercher le ſuc des plantes, elles le portent dans des Ruches qu'elles ont elles-mêmes merveilleuſement conſtruites. Pour qui travaillent elles? pour les frélons. Les Philoſophes ſont ces Frélons; le Commerçant, le Militaire, l'Ouvrier, le Medecin, voilà les Abeilles, dont la diligence eſt plus mal recompenſée, que la pareſſe & l'inutilité de ces dangereux inſectes. A quoi ſert un *Auremus*, un *Cheplu*, un *Zinba* & tant d'autres frivoles Diſſequeurs de Puces? A conſiderer, à admirer les *ruches* que d'autres bâtiſſent & entretiennent.

Le monde entier livré aux vaines diſputes des Philoſophes, ne ſe conſerve que par les Medecins. La vie des Citoiens leur a été confiée dans tous les tems par l'ordre des Rois, & les Arrêts des Parlemens: il étoit donc auſſi indiſpenſablement néceſſaire de ſçavoir à quoi s'en tenir ſur la Medecine & ſur les Medecins, que ſur les marques, qui diſtinguent eſſentiellement la bonne monnoie, de la fauſſe.

On croira peut-être que *Fum-Ho-Ham* eſt un être imaginaire, forgé par le Parti Chirurgical, pour allumer le feu de la guerre, aux quatre coins de la Faculté. On répandra, je le ſens bien, des ſoupçons ſur la certitude la plus évidente de l'exiſtence de mon *Chinois*, pour noircir le Traducteur, peut-être parce qu'il eſt François, & qui pis eſt, parce qu'on le croira Medecin, faux-frere indigne, qui, à force de reveler le *Secret de l'Egliſe*, ne peut manquer de ruïner à la fin la *Sacriſtie*. On dira que je ne ſuis qu'un Calomniateur, un ſatyrique plus effrené que tous les Anciens & les Modernes, un mauvais Citoien, d'autant plus dangereux, que j'affecte pour couvrir ma méchanceté & mieux distiller mon fiel, le zéle le moins suspect & le moins hippocrite &c. Car quelles bornes ont les ressources de l'amour propre irrité?

Mais pourquoi le *P. Hardouin* n'est-il pas vivant, pour imposer silence à ces vains discoureurs? Je suis persuadé que lui-même, qui a osé douter de la réalité des œuvres de *St. Augustin*, & de plusieurs autres Peres de l'Eglise, lui qui a si bien commenté *Pline*, sans l'entendre, & qui a cru que cet Auteur étoit fort ancien, parce qu'il l'avoit *honoré* d'un Commentaire, oüi je suis convaincu que ce sçavant Jésuite, si peu crédule cependant, eût avoué avec sa bonne foi ordinaire, qu'on trouve dans *Fum-Ho-Ham* des traces de l'Antiquité la plus reculée.

Mais pourquoi évoquer les ombres & faire sortir les morts de leur tombeaux? Nous avons des Auteurs vivans, gens d'esprit, quoique d'esprit incertain, qui sans sortir de leur Cabinet, & sans avoir été plus instruit que *Montfour*, sont plus au fait de l'Histoire de la *Chine*, que le *P. du Halde*, le *P. Parennin*, & tant d'autres Jésuites qui ont été 50. ans dans le Palais de l'Empereur. Je parle d'un Litterateur Celebre, devant qui j'aime à voir müet, ce grand Bavard *Crysologue*. C'est *Retfre*. Je le prie de lire attentivement cet Ouvrage, & je n'en veux appeller qu'à sa décision. Je suis sûr qu'il comptera certainement beaucoup plus sur un Ecrivain, de la Trempe & d'un Caractere aussi fortement marqué, que *F.*, que sur toutes les frivoles Relations de nos commerçans Missionaires. Un aussi fin connoisseur en style, devinera sans peine l'ancienneté de celui-ci, malgré le déguisement d'une traduction. L'homme dont je parle, est un des plus respectables personnages de la République des Lettres, nouveau *Pasquier*, il a fait pendant 20. ans les plus utiles & curieuſes recherches ſur l'origine des Bordels (1).

Enfin ſi l'on imagine que c'eſt ſous le nom fabuleux de *F.* que j'ai voulu inſinuer la politique de *Machiavel*, que ceux qui l'ignorent apprenent qu'elle ſe réduit à 30. petites propoſitions, qui ne démaſquent pas plus l'artifice & les ruſes des Medecins Charlatans habiles, que les plaiſanteries & les conſultations, qu'un Medecin de peu d'eſprit & de goût fourniſſoit à *Moliere*.

Il n'y a qu'à comparer *F.* avec *M.*; la Charlatenerie de celui-ci eſt ſi groſſiere, qu'il n'y a pas de ſage-femme qui ne la ſaiſiſſe facilement, tandis que celui-là eſt admirable par l'étendüe, la fineſſe, la profondeur des vûes, & l'univerſalité de ſes connoiſſances, tant Phyſiques, que Morales.

Je prétends encore moins devoir être accuſé, d'avoir fait avec acharnement la plus affreuſe des Satyres, pour nuire à un corps reſpectable, & que je reſpecte peut-être plus que perſonne. Je me croirois digne du plus grand mépris, ſi je n'étois penetré d'admiration & de reconnoiſ-

(1) Ce mot & pluſieurs autres qu'on a pris la liberté d'emploier, pourront bleſſer la plupart des Lecteurs, ou plutôt leurs préjugés. On ne reſpecte point des délicateſſes auſſi puériles dans les autres langues. Le Latin dit *Proſtibulum*, *ſcortum*, *coïre*, *mucus*, *fæces alvinæ* &c. Autrefois on n'eut pas oſé traiter en François des Parties de la génération, de la maniere dont ſe fait l'enfant; le mot de *Verole* que nos Dames prononcent aujourd'hui ſans ſcrupule, étoit indecent & odieux. On écrivoit en Latin, on parloit par longues Periphraſes; Mais aujourd'hui le voile d'une pretendûe pudeur eſt levé. *Aſtruc* même qui dit, qu'il a écrit en Latin, par decence *de Morb. Vener.* a fait traduire, quoique mauſſadement, ſon livre, par vanité.

ſance pour les écrits utiles & lumineux, qui ſont ſortis il y a longtems de quelques plumes celebres parmi les Medecins de Paris. En un mot, comme je l'ai dejà dit, je regarde la Medecine, comme la plus belle & la plus utile des Sçiences, j'honore les vrais Medecins, & je penſe qu'on ne ſçauroit trop payer, ſoutenir, & encourager leurs talens.

Mais en reſpectant les talens & les mœurs, le bien public m'a donné la force d'attaquer les défauts de l'eſprit, uniquement encore parce qu'ils influënt ſur la perte d'une infinité de Citoiens, & que c'étoit peut-être le ſeul moien de les corriger. Au reſte nulle calomnie dans tout ce que je donne, ſoit de *F.* ſoit de moimême; & ſans le caractere de verité & de candeur, que ſemblent par-tout reſpirer les écrits du Docteur *Chinois*, il ne m'auroit jamais compté au nombre de ſes Apôtres.

Mais, croira-t'on encore objecter, la médiſance, ſelon *F.* même, eſt l'élement de ſon eſprit, ou l'aliment de ſon Ouvrage. Soit; mais ſi la verité ſeule y regne, ſi la médiſance n'eſt qu'un maſque odieux, qu'on a voulu donner aux verités qu'on avoit lieu de craindre, ſi le plus grand intérêt des hommes, à qui tout reſpect humain doit ceder, fait tomber ce maſque impoſteur, ſi enfin un Medecin même eſt tenu par principe de Religion, d'expoſer, d'afficher le brigandage de ſes propres Confreres, comme l'a penſé & exécuté (ſans ſuccés) le pieux & zêlé *Mr. Hecquet*, alors, je vous le demande, à vous qui me deſaprouvés, de quelle force ſeront toutes vos raiſons, & les argumens dont on voudroit ſans doute pouvoir ſe ſervir, pour ſolliciter la ſuppreſſion de l'Ouvrage le plus utile qui ait paru depuis la découverte de l'Imprimerie.

Laiſſons donc aboier les Medecins. On n'a rien à craindre, ni à ſe reprocher, quand on a pour ſoi la juſtice, la verité, & l'amour de l'ordre. Je défie la Faculté en corps de me convaincre d'avoir avancé aucune fauſſeté, ou calomnie. Pour prouver contr'elle-même tout ce que j'ai dit depuis la premiere, juſqu'à la derniere ſcéne de cette *Tragi-Comedie*, je n'en veux appeller qu'au témoignage intérieur de la Conſcience des perſonnes, quellesquelles ſoient, qui connoiſſent les Hommes dont je parle, (pour les pénétrer, il n'y a qu'à les ſuivre au lit de leurs victimes) &, ce qui eſt encore plus généreux, je prends pour juge la conſcience même des Medecins, s'ils en ont autant qu'on leur en a ſuppoſée dans cet Ouvrage.

Qu'il me ſoit permis d'ajouter ici une derniere réflexion, qui finira cette longue Préface. Madame la Marquiſe *** diſoit à Mr. *** qui venoit de publier un Ouvrage hardi ſur une matiere des plus délicates; „ Mr. je trouve vôtre „ livre fort bon, mais il vous fera grand tort. Cette Dame ne ſongeoit pas qu'elle parloit à un Auteur.

Je ſens que mes amis pourront me faire auſſi juſtement les mêmes reproches; mais j'avertis que je n'y ſerai ſenſible, qu'autant qu'ils ſeront accompagnés de la même circonſtance, ſi je l'ai méritée.

Ce qu'il y a de certain, & ce que je puis proteſter avec candeur, c'eſt que le zéle ſeul de *F.* m'en a inſpiré pour le bien public. N'aiant pas l'honneur d'être Medecin, eſt-il ſurprenant que je plaide pour la vie des hommes, & que j'aie pour elle un reſpect, devant qui toute autre conſideration s'évanoüit. Une cauſe de cette importance demanderoit la force d'Hercule, & j'ai peut-être la foibleſſe de *Terſite*. Mais ſi les parties du grand Avocat m'ont manqué, du moins ne me refuſera-t'on pas celles du bon Citoien.

O vous, qui pouvés devenir malades, conſiderés que ne pouvant prévenir les miſeres attachées à l'Humanité, j'ai fait tous mes efforts pour vous garantir des Medecins. Si donc ces ennemis de nôtre Societé m'attaquent en corps d'armée, que peut faire un Maître és Arts, ſeul contre tant de Docteurs furieux? Vous qui voiés le courage d'Aigle qu'il m'a fallu oppoſer (contre ma propre fortune) à des abus & à des préjugés preſque auſſi anciens que le monde, prenés un peu, cher Lecteur, les intérêts d'un homme qui s'eſt volontairement ſacrifié pour défendre les vôtres.

Vous, jeunes Etudians, que j'ai voulu inſtruire & former, il y auroit trop d'ingratitude à m'abandonner à la colere de la Faculté: Et vous enfin Medecins (1) dont j'ai dévoilé l'ignorance, la Charlatenerie, & le Brigandage, peu connu de ceux-mêmes qui l'ont voulu faire connoître, que vôtre amour propre irrité ne vous empêche pas de rendre juſtice à qui vous la rend. Croiés que ma langue ne s'eſt denouée que pour la vérité, que je ne parle de vous, que comme l'Hiſtoire, & qu'enfin (je vous le jure) pour dire du bien de vous, je n'attends que l'occaſion de vous en voir faire.

---

(1) Eſt-il néceſſaire de repeter, que c'eſt toujours des mauvais Medecins, que je parle, & que je ſuis penetré de reſpect pour l'art & pour les Hommes qui y excellent?

Fin de l'Avant-Propos.

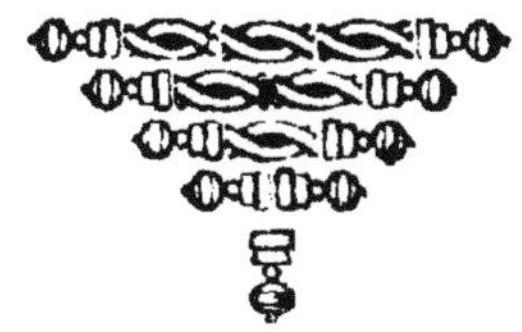

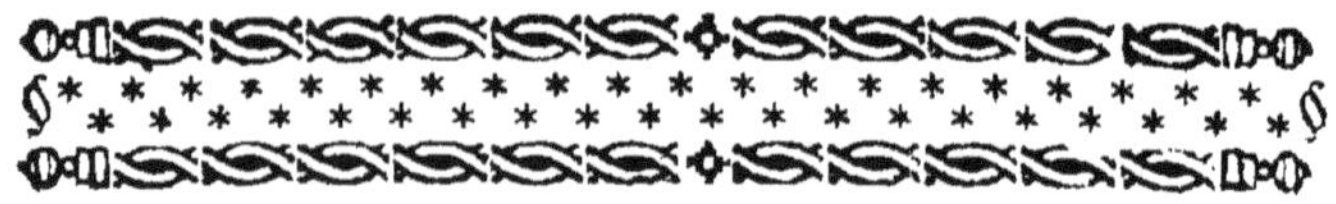

DISCOURS DE FUM-HO-HAM, A L'EMPEREUR KEIN-LONG.

SIRE,

A Vôtre Naissance, Vous futes annoncé à vos Sujets, comme un *Bienfait du Ciel*, ils ont tremblé pour les jours de Vôtre Majesté, dans son Enfance; mais dans un âge plus mûr, dés qu'on Vous a connu, on Vous a nommé l'Amour du peuple, *Kein-long* le *Bien-aimé*, dans un tems, où Vous alliés disparoître à nos yeux, tems où la Critique s'arme contre les Rois mêmes & les Empereurs.

Durant leur vie, ces Potentats exercent un pouvoir despotique, mais aprés leur mort, ils sont soumis à leur tour au Tribunal de leurs Sujets, qui ne disent du bien, que des Princes, qui en ont fait.

Eh ! Comment, SIRE, refuseroit-on ces hommages à V. M. ? Vous avés reçu du *Tien* (1) un cœur, tel qu'il ne le donne pas à la plupart des Grands de la terre, un cœur plein de tendresse pour vos Enfans, & de bontés pour vos Sujets, un cœur plein d'humanité & de douceur, sensible aux charmes de l'amitié & capable d'aimer. Il a éclairé vôtre esprit des plus pures lumieres. Les intrigues sourdes de la Cour ne sont, à vos yeux, que des jeux de la vanité & de la foiblesse, dont vous connoissés tous les détours ambitieux, & dont vous riés secrettement, comme des miseres humaines.

En vain le plus artificieux manege s'efforce-t-il de vous masquer les hommes, vous voiés leur cœur sur leur visage, vous pénétrés dans leurs yeux le fond de leur ame, tandis que vôtre prudence & vôtre discrétion vous rendent vous-même inpénétrable aux regards les plus perçans. Aussi insensible aux faux brillans de l'esprit, qu'à la flatterie & à l'adulation, la raison seule vous frappe, comme la vérité regle & éclaire tous vos jugemens.

Depuis la mort *lente* de ce *Mandarin* prudent, mais trop pacifique, avec qu'elle admiration ne vous voit-on pas tenir les Rênes de vôtre Empire ! Vos peuples aplaudissant au choix que vous avés fait de vous-même, pour premier Ministre, se trouvent d'autant plus heureux, que c'est par vous seul qu'ils pouvoient le devenir. Ils s'habituent si facilement à n'en point voir d'autres, que, si le choix leur eut été permis, *Kein-long* en eût été l'unique objet. Ils voient avec plaisir que le zéle & l'ardeur de Vôtre Majesté à déconcerté pour jamais la folle ambition de ces

(1) Le Dieu des Chinois.

foibles génies & de ces cœurs corrompus, qui briguoient une place éminente, plutôt pour leur propre bonheur, que pour celui des Citoiens, une place presque audessus des forces de l'humanité, une place où le vice a été tant de fois, je ne dis pas impuni, mais couronné, une place enfin, où l'on ne devroit faire monter que la sagesse & la vertu, & dont par conséquent est indigne, quiconque remüe un parti, pour s'y élever. L'exemple du passé les faisoit trembler pour l'avenir.

Un Empereur tel que vous, SIRE, qui aime ses Sujets, autant qu'il en est adoré, doit les gouverner lui-même, il n'a qu'à vouloir, & ils sont heureux. Qui a moins besoin de secours étrangers? Qui peut mieux tout voir, tout soutenir, tout conduire par lui-même, qu'un Prince de la plus haute Sagesse, pour qui Minerve & tous les Dieux semblent avoir épuisé leurs bienfaits?

Une face aussi digne de l'Empire, *facies Imperio digna*, comme parloient nos Anciens, inspire nécessairement l'estime & le respect à ceux mêmes qui sont faits, non pour ramper dans les Cours des Rois, mais pour juger les Rois & les Empereurs. Je parle de ces hommes séveres, que la pompe & la grandeur ne peut éblouïr, de ces organes hardis de la vérité, qui devroient être les seuls Courtisans des Princes, ces Philosophes, qui ne donnent d'Eloges aux Souverains, qu'autant qu'ils les trouvent dignes de l'être. Vous n'avés rien à redouter de leur sévérité; vos discours ont gravé dans ces cœurs (dont le seul hommage doit flatter les grands), la véneration que vôtre Personne inspire: & pour cette fois enfin ce n'est point la flatterie, qui a trouvé *l'homme*, qu'on cherche depuis si longtems.

L'élégance, la netteté, la précision, la profondeur font connoître la solidité de vôtre génie, dans vos conversations les plus indifférentes. Roi quand il faut être Roi, quel plaisir de quitter quelquefois le Sceptre & le Diadéme, pour mieux sentir le prix de l'humanité ! Vous déposés en secret le faste incommode de la Roiauté, pour être homme, pour vivre familierement avec ces Seigneurs aimables & valeureux, à qui Mars & l'Amour accordent tour à tour, à vôtre exemple, leur confiance & leurs faveurs. Ils trouvent dans leur Prince un particulier aimable, plein d'attentions & d'égards, un Maître rempli de douceur, qui, en se communiquant, ne perd jamais rien de sa dignité : Quelques-uns y trouvent un ami aussi sincere, aussi vrai, que puissant, & dont la Cour est l'azile des malheureux qui ont de la vertu.

A cette douceur si séduisante, & à laquelle on rend d'autant plus, qu'elle semble ne rien exiger, vous joignés, SIRE, de l'aveu de vos propres ennemis, une valeur & un courage, que la fierté, la dureté, & quelquefois même la férocité accompagnent dans la plupart des hommes, & que regle chés vous l'humanité. Un caractere aussi compatissant que le vôtre, gémit plus sur les calamités que traine aprés soi le char des plus brillantes victoires, que vos propres triomphes ne vous enorgueillissent.

Quand les Tartares, liés avec les Japonois, ont menacé les Frontiéres de vôtre Empire, on vous a vû, à la tête de vos Armées, donner l'exemple à vos Généraux, & à vôtre Fils *Ho-am-ty*, pour qu'il le donnât lui-même à toutes vos troupes. Intrépide dans les hazards, aussi peu émû que dans une paix profonde, on vous a vû braver le fer & le feu, inspirer a vos soldats une ardeur, que vôtre présence & vôtre fermeté seule ont soutenûe, & enfin, semblable à ce Dieu, dont parle Homére, qui par ses ſeuls regards pouvoit décider du ſort des Combats, on vous a vû ramener la victoire dans des Bataillons, qui furent d'abord ébranlés, malgré l'admirable diſpoſition de ce fier *Chou-chu-la*, qui, (ſans l'art magique de ce grand *Négromancien*, que Vôtre Majeſté fit voler à ſon ſecours, de l'extrémité des Indes, & à qui nous devons la conſervation du plus grand de vos Généraux,) n'auroit eû qu'une vie (1) trop peu proportionnée aux ſervices qu'il peut rendre à vos Etats.

La victoire, SIRE, n'a pas plus alteré vôtre

(1) *Chou-chu-la* eſt peut-être le plus grand Général, qui ait jamais paru à la Chine; il doit tous ſes brillans ſuccés à ce qu'il appelle ſes *Rêveries*, c'eſt-à-dire à d'excellens principes de guerre, qu'on trouvera un jour dans ſes Mémoires. Son courage eſt encore audeſſus de ſes lumieres. Il étoit Hydropique, lorſqu'il partit de *Pekin*, pour faire la derniere Campagne, à laquelle nous devons la paix. Aprés la premiere *Ponction*, il prit les Villes les plus fortes de la Tartarie; aprés la ſeconde, il gagna la terrible Bataille de *Te-noi-fon*, ſous les remparts d'une Ville qu'il aſſiégeoit. On demande comment le plus grand des Guerriers oſe ſe mettre à la tête d'une Armée, & préſider aux plus grands intérêts d'un Etat, dans un tems, où l'ame plus au corps, qu'à elle-même, ſemble devoir être ſans vigueur: ou comment l'Empereur confie ſon Roiaume à un Héros expirant. Ces deux prôblemes ne ſont pas difficiles à réſoudre. Ce qui lui reſtoit d'ame, ſuffiſoit au Héros, & à ſon Maître, qui en connoiſſoit le prix, comme on en va juger par le plus beau trait.

L'Empereur fit venir auprés de la Perſonne de ſon Général, un Medecin qui n'étoit encore Celebre que parmi les Sçavans, en diſant au malade, je ferai S... mon Medecin conſultant, s'il vous guérit. Le Medecin a ſauvé le ſauveur de la Chine, jugés ſi un tel Empereur a tenu ſa parole.

ame, que le danger. Plus occupé du malheur des vaincus, que de la gloire dont vous étiés couvert, cet événement qui auroit enflé des cœurs moins grands que le vôtre, n'a fait germer en vous que des ſentimens de modération, le partage des vrais Héros. Aprés des actions qui vous ont placé à coté des plus grands Empereurs, revenu dans le ſein de vôtre Empire, comme dans le ſein de vôtre Famille, vous avés mis la diſcorde aux fers, & l'olive de la paix, que vous venés de faire éclore, augmente ſa rage, en comblant nos deſirs.

Vous ramenés les arts en triomphe avec les plaiſirs, les ſçiences rénaiſſent par vos bienfaits; vous avés appris du haut du trône aux autres hommes, à rendre à l'eſprit & aux talens le tribut qui leur eſt dû, & que l'eſprit ſeul eſt digne de leur rendre. Le génie Chinois vous doit toutes les conquêtes qu'il a faites. Il a porté la lumiere dans des Regions ténébreuſes, qui ſembloient devoir être l'éternel ſéjour de l'ignorance. Nous connoiſſons enfin le Monde & la Nature, par ces *Argonautes nouveaux*, que vôtre liberalité raſſemble de toutes parts, & envoye meſurer les parties du monde les plus opposées.

Aprés tant de vertus, comment les vœux que vos peuples font au Ciel pour V. M. pourroient-ils être tout-à-fait desintereſſés! Comment leur bonheur ne ſeroit-il pas inſéparablement lié au vôtre?

Mais, SIRE, parmi tous ceux qui béniſſent vôtre Nom, ſeroit-il permis au moindre & au plus zêlé de vos Sujets, d'élever ſa voix juſqu'au trône de vôtre Majeſté? Vous avés vaincû l'injuſtice par la force de vos armes, vous avés forcé au ſilence l'intrigue, la calomnie, & l'eſprit de parti, qu'animoit le fanatiſme, monſtre, qui s'eſt fait voir dans tous les tems plus à craindre pour les Rois mêmes, que la liberté de penser des Philosophes de tous les siécles. Un autre monstre bien different, & non moins redoutable, vous reste à dompter, c'est un hydre dont vous seul pouvés couper à la fois toutes les têtes rénaissantes, je veux dire le *Brigandage de la Medeçine*, Brigandage qui désole vos Etats. Ceux à qui vous avés confié la vie de vos Sujets, sont, pour la plupart des Hommes Mercénaires, des ignorans, des Charlatans, sans foi, sans probité; ils regardent la vie, comme des feuilles d'arbres, ou comme la poussiere emportée par les vents. L'Automne ne voit pas tomber en plus grand nombre ces feuilles desséchées, que vos Sujets ne sont détruits par la hardiesse & la témerité de tous ceux qui osent exercer la plus étendûe, la plus utile, & la plus difficile de toutes les professions, sans étude & sans lumiere.

Ce sont, SIRE, ces hommes, prétendus Medecins, fléau plus terrible que toutes les maladies, que j'entreprens de dévoiler dans cet Ouvrage à vôtre Majesté, avec les moiens faciles de remedier à de funestes abus, qui en deshonorant le plus beau des Arts, & ceux qui y excellent, dépeuplent & ravagent vôtre Empire. Je n'en accuse aucun de ceux qui sont vivans, j'ai pris chés les morts les peintures que j'ose offrir aux yeux d'un Prince éclairé. Mais s'il se trouve par hazard quelques Medecins qui leur ressemblent, qu'ils se corrigent, ou indignes des bienfaits de vôtre Majesté, ils meriteront d'être chassés de vôtre Capitale, comme ils le furent autrefois de celle d'Italie.

Vous le sçavés, SIRE, c'est l'amour propre offensé qui a donné le Nom de *Médisance* aux verités Critiques; mais elles n'en sont pas moins des vérités, & en est-il de plus importantes, que celles qui ont pour objet la conservation des Citoiens ? Je ne suis que leur Interprête, l'amour du vrai, l'amour seul de la Patrie m'anime & va parler par ma bouche : Les cœurs dignes d'être vos Sujets, c'est-à-dire, les cœurs droits m'applaudiront sans doute, & l'on connoîtra les cœurs faux & corrompus, à la maniere dont ils se trouveront blessés.

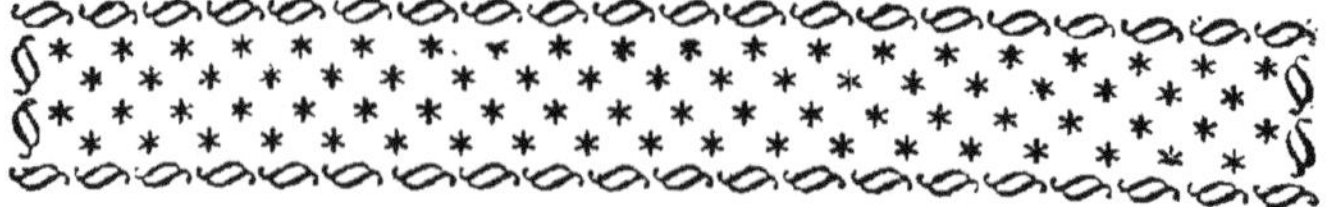

LE CHEMIN DE LA FORTUNE OUVERT AUX MEDECINS.

CHAP. I.

Tableau General de la Medecine & des Medecins.

VOus voulés donc absolument, mon Fils, prendre le parti de la Medecine. Tous les inconvéniens, tous les écüeils que je vous ai fait voir, les désagrémens, les peines, la difficulté de réussir, la facilité de tomber, aprés les plus brillans succés, enfin tout ce que je vous ai dit & repeté tant de fois, pour vous empecher de vous embarquer sur une mer orageuse, connüe de peu de pilotes, & pour cette raison si fameuse en naufrages, rien ne peut vous détourner d'une profession difficile, à laquelle vous n'êtes peutêtre appellé, que par l'appas du gain. La rapidité avec laquelle certaines gens font des fortunes considerables, sans rien sçavoir, (si ce n'est duper le public) vous seduit & vous attire, & enfin il est décidé que vous ferés Medecin, c'eſt à dire l'Homme du Public & la victime de l'ingratitude & de la jaloufie. Ah! mon Fils, au nom de la plus tendre amitié, ſoufrés que je faſſe encore un dernier effort, plus pour vous même, que contre vous, en expoſant à vos yeux, ou plutôt vous rapellant toutes les peines qu'il vous faudra eſſuier & tous les perils que vous allés courir. Aprés quoi je ne vous retiens plus.

Je vous donnerai, mon Fils, la politique du Medecin par le celebre M. * * * traduite avec la plus grande liberté. J'y fondrai la mienne, telle qu'elle eſt née de mes propres obſervations, de l'uſage du monde, & de la familiarité même, que les Medecins ont daigné m'accorder autre fois avec eux. Vous verrés que ce grand politique n'a pas tout dit, que Moliere n'a ſaiſi que les ridicules groſſiers des Medecins, & qu'enfin Telemaque n'eut jamais ſi grand beſoin de Mentor dans la dangereuſe Iſle de Calipſo.

Il faut d'abord vous faire connoître en general l'art & les artiſtes, & enſuite tous les chemins infiniment divers, qui pourront vous mener à la fortune.

Regardés vous, mon Fils, comme un voiageur qui va s'établir dans des païs inconnus, vous trouverés plus de difference dans l'eſprit & les mœurs de tous vos Confreres, que dans les régions les plus éloignées, les unes des autres. Le peuple avec lequel vous allés vivre, les Medecins, ſe haïſſent entr'eux, autant qu'ils nous déteſtent nous mêmes; ce ſont des eſpeces de commerçans, qui vont tous à la ſource (ou plutôt à la chaſſe) de l'or & de l'argent, mais qui marchent par des détours differens, qui conſultent tous les vents, qui croient tous porter en échange des marchandiſes précieuſes, quelque viles qu'elles ſoient, & qui, avant que de les mettre en vente, ſemblables à ces marchandes habiles qui connoiſſent tout l'avantage des fauxjours de leur magazin, apprenent l'art de ſéduire, ou plutôt de tromper. Ils commencent par lacher dans le public des Colporteurs mâles & principalement femelles, qui les vantent, comme ils font entr'eux. Perſan loüe Gacon, par la même raiſon que les autres ſe déchirent.

Dans ce Négoce, il y a bien d'autres circonſtances particulieres. La Medecine eſt une marchandiſe dont tout le monde a beſoin, dont les Heretiques mêmes en cet art ne ſe paſſent point, & que perſonne ne connoît, de ſorte que celui qui la débite, qui ſçait la mettre en ſon jour, celui-là ſeul en fait le prix. Ainſi le ton hardi, décisif, impoſant, la fraude, la préſomtion, le myſtere, la charlatenerie & toutes les iniquités qui la ſuivent, ſont la baze de ce commerce.

Ceux qui vendent de mauvaiſes marchandiſes, ſont bientôt abandonnés, les faux-monnoyeurs ſont pendus. Mais la Medecine éprouve un ſort tout-à-fait different. Le Clinquant, le ſimilor s'y confond avec l'or véritable: c'eſt un métal que peu de gens ſont en état d'examiner au creuſet, & ce qu'il y a de plus faux, pourvû qu'il ſoit merveilleux en apparence, eſt toujours ce qui a le plus de charmes pour le public, parcequ'il ne juge de ce qu'il achete, que par le fripon qui lui vend. Enfin ce n'eſt preſque jamais ſur la foi des connoiſſeurs qu'on choiſit le marchand, c'eſt ſur la foi du public, qui ne connoît pas plus le marchand, que la marchandiſe.

Voilà en general, mon Fils, le négoce, ou l'art que vous allés embraſſer, & le caractere de ceux qui le profeſſent. Vous ſentés qu'un caractere auſſi équivoque, auſſi perfide, exige beaucoup de menagement & de ſoupleſſe. Vous voyés que la Medecine eſt cent fois plus difficile qu'Hippocrate ne l'a dit, & que les honnêtes Medecins de ſon tems ne le lui auront peut-être fait croire.

Ces difficultés vous déconcerteront & vous effraieront ſans doute. Pour peu qu'on ait de délicateſſe & de ſentimens d'honneur, le moien de paſſer impunément ſur tant d'épines! Mais cependant comme vous me paroiſſés ſi obſtiné dans vôtre deſſein, que c'eſt une vocation decidée, je ne veux pas tout-à-fait vous décourager. Au contraire je veux vous prouver qu'il eſt facile de réuſſir dans cette Carriere, quelqu'immenſe & perilleuſe qu'elle ſoit, & que la roſe de la Medecine, qui eſt l'argent, peut ſe cueillir, ſans que les mains les plus délicates en ſoient bleſſées, pourvû qu'elles ſoient adroites. Je n'ai pour cela qu'à vous propoſer l'exemple d'un grand nombre de Medecins qui ſe ſont élevés ſans talens. Permettés-moi de vous en tracer le portrait, pour vous faire voir que tous les defauts & tous les vices feront autant de degrés qui vous feront monter au premier rang, ſi vous êtes heureux.

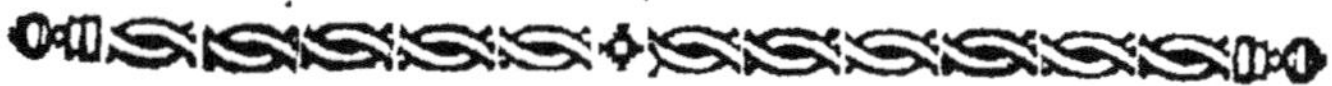

CHAP. II.

Portrait de BACOUILL.

Ultimi primi.

BAcouill a le corps fait en Z, il reſſemble à ce vilain Empereur Romain, qui, ſelon Suetone, *referebat faciem cacantis*. Il eſt tout barbouillé de morue, de pituite & de tabac, ce qui rend ſa figure de ſinge, encore plus dégoutante & mauſſade. Repreſentés vous ſa tête comme un pot de terre creux, ſur le haut duquel eſt plantée de travers une vaſte perruque *in F.o* que Bacouill porte fort reculée en arriere, même devant les Dames qui ont tout le tems de conſiderer la beauté de ſon crane. Ce grave perſonnage ne rit pas plus qu'un animal, il daigne ſeulement quelquefois ſourire, mais d'un ſouris auſſi perfide, que niais & ſardonien, qui laiſſe plus qu'entrevoir deux rateliers pourris de dents mal propres & cariées, qui heureuſement manquent par devant. Il eſt ſi ſot qu'il ne ſe croit pas même un Ignorant. Pour en juger, il ne faut qu'un coup d'œil ſur ſa phyſionomie ; avec ces traits-là la nature n'a jamais donné aucune ſorte d'eſprit. Bacouill ne ſçait rien, il ignore très parfaitement le Latin, & encore plus parfaitement la Medecine. C'eſt pourquoi les Facultés les plus *Borgnes*, comme celles de Rheims, de Caën, de Bourges, de Douay, de Pont-Amouſſon, &c. n'ont point été aſſés complaiſantes pour lui donner un bonnet, que tant d'autres achetent pour deux Loüis & quelques phraſes de mauvais Latin. Bacouill n'eſt que Bachelier de Cahors. Ses lettres à force de crédit, ſont venües par la poſte ; il étoit à Verſailles le jour qu'il auroit du être à Cahors, par la datte de ſon parchemin. C'eſt ce qui a été très bien prouvé par les diligentes recherches de *Jonquille*, Où ce prétendu Medecin a-t'il donc pris ſes grades ? au jeu. Il a joué d'abord avec les ſervantes & les laquais, enſuite avec des gens plus diſtingués, c'eſt-à-dire, avec les femmes & les valets de chambre, & enfin avec les Maîtres, les Seigneurs, & les premieres Dames de la Cour. Un Miniſtre qui ſe connoît trop en mérite, pour lui en trouver d'aucune eſpece, dit que ce demi Docteur ne traite jamais que ceux avec leſquels il joüe. Bacouill cependant, l'heureux Bacouill a été par-là porté de main en main, comme un jeu de cartes, juſqu'au 2.e rang ; & ſi le plus grand malheur qui puiſſe menacer la France, arrivoit, on liroit un jour dans les Faſtes de la Medecine Françoiſe, qu'un homme ſans figure, ſans vigueur, ſans talens qui puiſſent le faire aimer des femmes, ſans eſprit, ſans aucune ſorte d'éducation, en un mot ſans autre ſcience que celle du jeu, eſt parvenu à une place, qui, grace aux intrigues de Cour, ne prouve rien pour le merite, mais pour laquelle il n'eſt jamais d'aſſés excellent Medecin. Un Bacouill ſeroit devenu l'*Archiater* des François. *Domine ſalvum fac Regem.* Mais en faiſant des vœux pour le pere, qui ne trembleroit pour le fils, ſi un tel Medecin pouvoit avoir la confiance d'un Prince auſſi éclairé, un Medecin qui tremble plus que *Jonquille* même, à la moindre nouvelle de la marche des ennemis, dont la tête tourna de frayeur à la premiere decharge de la Mouſqueterie de la Bataille de Fontenoi, qui trouvant un petit cheval ſans ſelle, le monte à poil, & s'enfuit au grand galop, ſi troublé, qu'il penſa ſe jetter dans l'Eſcaut, & ſema l'allarme dans tout le quartier du Roi, qu'il comptoit vîte abandonner, pour ſe rendre à Lille. Un tel Poltron, même avec du ſçavoir, ſeroit dans le beſoin d'un grand ſecours à ſon Prince!

Enviſageons Bacouill, comme Praticien. On ne peut aimer ce qu'on ne connoît pas, c'eſt pourquoi nôtre Docteur dit qu'il n'aime pas les remedes, qu'ils vont d'un côté, & la nature de l'autre, qu'ils ne ſe rencontrent jamais, que d'ailleurs avant que d'arriver au lieu de leur deſtination, ils ont perdu leur premiere vertu, ſemblables à ces vents qui après avoir traverſé la Mediterranée, ont changé leur ſechereſſe en humidité. Voilà les raiſons ſolides pour leſquelles Bacouill n'ordonne preſque jamais rien; eſclave d'une ignorance invincible, il croit l'être de la nature, & quoiqu'il n'ait rien dit, en affirmant que les remedes ruïnent le temperament, il a perſuadé ceux qui l'écoutent: car il veut être écouté, même lorſqu'il parle Medecine; & à ce ſujet vous allés voir qu'un jour ſa vanité lui couta cher. Vous dormés, diſoit-il au ronfleur ambulant de la Faculté, dans une conſultation chés M.e la Ducheſſe de V. Non,

Mr., reprit *Philantrope*, j'ai trop de respect pour Madame la Duchesse, & trop d'envie de soulager ses maux ; mais c'est vous qui avés dormi dans tout ce que vous avés fait, & qui dormés encore dans tout ce que vous dites. Qu'elle foudroyante réponse !

Mais voici une bien plus forte attaque. Bacouill n'aime pas plus les Medecins, que les remedes. Il seroit à souhaiter, disoit-il en bonne compagnie, avec son ton de capucin, & son petit air plat, doucement décisif, qu'il n'y eut point de Medecins dans le monde, la plupart ne sçavent rien, & le sçavoir des autres pourroit être mis dans une page. Il en jugeoit par le sien propre. Un Philosophe severe qui ne pardonne rien & dit avec force les plus dures verités, releva vivement la proposition du petit Hérétique. Permettés-moi, dit-il, Mr. de vous faire connoître les consequences de ce que vous venés d'avancer. Cela ne peut partir que d'un fond d'orgueil trop choquant. Car, ou vous êtes un homme extraordinaire, ou vous êtes un des Medecins que vous meprisés. Or que vous soiés un homme rare, un de ces genies qui semblent avoir épuisé tous les bienfaits de la Nature, c'est ce que vos conversations ordinaires, l'instinct que vous montrés, & l'aveu même de l'ignorance de gens qui vraisemblablement ont autant de mérite que vous, & peut-être d'avantage, ne permettront jamais aux connoisseurs de penser. Vous partagés donc le mépris dont vous honorés vos Confreres. Je dis plus, ajoûta l'argumentateur. Ou vous avés de la conscience & de la religion, ou vous n'en avés pas. Si vous n'avés ni conscience, ni religion, il faut vous chasser de la Societé, comme un homme indigne de la confiance de qui que ce soit, dans aucun genre. Et si vous en avés, vous ne devés point, pensant, comme vous faites, de la Medecine & des Medecins, abuser de la credulité du public, aiſément dupe d'un homme en place; ſi vous êtes honnête homme, vous devés ceſſer de tromper, & même détromper tous ceux qui vous envoieront chercher : vous êtes même obligé en conſcience de remercier la Cour (que peut-être vous ne ferés que prevenir) & abdiquer une place que vous n'êtes pas en état de remplir. Par conſequent, ſi loin de vous retirer, vous mettés tout en œuvre pour que la protection, ou plutôt la plus aveugle prévention vous y ſoutienne, vous êtes un miſerable qui n'avés pas le moindre ſentiment de Religion, d'honneur, ni d'humanité, & tant que je vous verrai dans le rang que vous occupés, je vous regarderai avec raiſon comme le plus malhonnête & le plus mépriſable des hommes. Ce Philoſophe connoiſſoit à fond qu'elle doit être la Religion du Medecin, matiere que nous expoſerons dans la derniere partie de cet Ouvrage.

Ce ſecond point de la Politique de Bacouill, comme vous voiés, n'a pas tant reuſſi que le premier. C'eſt qu'il vaut mieux dire du mal des remedes, que beaucoup de malades haïſſent, que de Gens, à qui on connoît du merite & des talens. En n'ordonnant rien, ou ſeulement quelques bagatelles, un lavement d'eau de riviere, un amandé, une priſe de Theriaque, ou de petit lait, on flatte les perſonnes dont on adopte les préjugés, mais en calomniant un Corps reſpectable, on demaſque ſa propre ignorance, & il y a trop à perdre à ces comparaiſons.

La Gazette eſt la derniere baze de la politique de Bacouill, il lit exactement toutes ſortes de nouvelles pour les débiter enſuite. N'ayant ni lettres, ni latinité, de quel autre côté eut-il pu ſe tourner? il décide ſur les évenemens de la guerre & de la paix, mais il s'épargne toujours la peine de repondre à toutes les difficultés, en diſant ſeulement *non*, avec ſon ton ordinaire. Ce merite a des charmes aux yeux des Nouvelliſtes. Que voudriés vous qu'ils fiſſent d'un Medecin qui ne ſçauroit pas que Bruxelles ſera pris dans peu de jours? M.*** a donc raiſon d'avoir fait ſentir combien la politique eſt neceſſaire au Medecin. Que peut ſçavoir un homme qui ne lit pas même la Gazette? mais s'il oſe la mépriſer, le moyen de ſe fier à un eſprit petit maître, qui dédaigne ce qu'il y a de plus ſolide, & ce qui fait la ſçience de tous les Honnêtes gens! Je ne ſçai ſi celle de Bacouill lui a procuré beaucoup de pratique, mais je ſçai que dans le Palais de ſon Prince ce grand politique eſt peu reſpecté. Il prenoit tous les jours un fauteuil dans le Caveau, ſelon le rapport de Mr. B... on fut bleſſé de cette affectation, & pour l'en punir, voici le tour de Page qu'on lui joua. A la place du fauteuil, on mit une chaiſe percée avec un baquet plein d'eau par deſſous, on couvrit adroitement le trou d'un tapis, qui n'empecha pas le vilain C. de Bacouill de tomber dans l'eau, devant bonne compagnie, qui en rit encore de ſouvenir.

Les grands hommes ne ſont pas ſeuls ſinguliers. Bacouill qui eſt des plus petits, oublie quelquefois ſon ſyſtéme de ne rien faire aux malades, il tombe même dans un ſi grand excés contraire, qu'il preſcrit de faire des ſaignées de demie en demie heure, juſqu'à ce qu'il revienne. Mais le moien de ſe ſouvenir, en joüant gros jeu au piquet, de ce qu'on a promis! & eſt-il étonnant qu'un Medecin de tapis verd, dont la partie dure plus longtems qu'il ne croioit, & moins qu'il ne voudroit, trouve ſon malade mort, épuiſé par l'éxécution de l'ordonnance!

Voulés vous que je devoile toute ſon impudence. Il a fait faire par un *Medicaſtre* & par le Couſin d'un Caffetier, un libelle ſur la maladie de Metz. C'eſt là qu'il oſe affirmer qu'on a pensé tuer le *** Medicastre expose le traitement des Medecins, comme s'il y avoit presidé, tandis qu'il ne fut appellé qu'à l'extremité, & ne fut d'aucun secours qu'à lui même, dans cette fatale conjoncture, & il fait dire à Bacouill, qui arriva encore plus tard que Medicastre, que la fievre maligne de Metz étoit factice, c'est-à-dire l'ouvrage des Medecins.

Je ne suis pas surpris qu'on donne de l'esprit à Bacouill; il en donne lui même & veut apprétier le mérite. Il dit que Qualilnasus (ce genie qui d'un regard peut l'écraser) est bon sur le papier & ne vaut rien sur le cuir. Il est naturel à l'amour propre de chercher à se vanger du mepris. Quel insecte ne pique pas, quand on l'irrite?

Je viens de peindre un guerisseur que tous les habiles gens qu'il meprise, regardent comme l'excrément de la Medecine. J'en demande pardon au Lecteur, ce portrait est par trop dégoutant, mais il est d'aprés nature. Vous sentés que je n'ai garde de confondre un Bacouill avec aucun de ses Confreres, quoique j'emploie le même peinceau à peindre les defauts, les ridicules & les vices de tous. Qu'il n'ait donc pas la vanité de chercher quelque motif de consolation dans les comparaisons que son amour propre pourroit faire, ni enfin de se confondre avec aucun des Medecins dont je vais parler.

CHAP. III.

Portrait de JONQUILLE.

VOus nommerai-je cette jauniſſe brune triſtement ambulante, cet ennuïeux Hippocondriaque, qui reſſent toujours tous les maux dont les autres ſe vont plaindre à lui, qui fait bailler la ſanté & endort ſes malades ſans opium ? c'eſt le Medecin *Jonquille*. Staahl ſuppléoit à l'opium par ſa poudre temperante, ou plutôt il croioit dans ſa prévention chymique y ſuppléer. Jonquille, l'heureux Jonquille, qui s'amuſe en m'ennuïant, n'a beſoin ni de l'un, ni de l'autre, il n'a qu'à conter quelques capucinades, il conte auſſi bien que le Grandpere *d'Amanzai* ; de plus la ſcêne de toutes ces hiſtoires eſt toujours à Montpellier, où l'on croit être, où l'on voit tout ce qui ſe paſſe, par la force de l'imagination du conteur Jonquille.

Il arriva de cette Ville en 1736. plein de lui-même & ſous une fauſſe apparence de douceur & de modeſtie, ne manquant jamais la frequente occaſion de ſe rendre Juſtice, & de vanter partout ſes ſuccés. Vous ſçaurés qu'il n'avoit jamais exercé la Medecine avant le ſyſtéme de Law, parce qu'il ne l'aimoit pas, & que nouveau *Criſpin*, ſon Pere l'avoit fait Medecin, malgré lui, de ſorte qu'il n'eſt pas ſurprenant qu'il fût entierement ignoré avant 21. il fût même longtems ſouverainement mepriſé de ſes Confreres, mais bientôt ils furent la dupe du mepris dont ils prétendoient l'accabler. Ce mepris même & les reſſources dont il avoit beſoin, & que la fortune lui fit enviſager dans la pratique, lui ſervirent d'aiguillon. Il perça, & fut bientôt introduit par tout à Montpellier, &, ſi on l'en croit, il y fit toute la Medecine. Il repara en peu de tems les pertes immenses qu'il avoit faites au jeu dans sa jeunesse. Mais pour ne pas blesser la jalousie de ses Confreres, surpris de la soudaineté de son mérite & de sa vogue, & en même tems pour se donner l'air d'un homme à bonne fortunes, il faisoit la nuit ses visites, & fumoit & buvoit tout le jour. Quelle fatalité a pû faire échoüer un politique aussi rafiné? les Medecins, suivant leur pieux usage d'abaisser toujours ceux d'entr'eux qui s'élevent, alloient répandant de maisons en maisons, que le Docteur Jonquille ne devoit sa réputation (& ils avoient l'indignité de le prouver) qu'à trois, où quatre Banquiers Huguenots qui lui attiroient une infinité de Consultations de l'Etranger. Mais à quoi sert la basse jalousie, si ce n'est à deshonorer les mauvais cœurs qu'elle a corrompus? tout ce que les Medecins de Montpellier ont tenté contre le fortuné Jonquille, a servi à son avancement, loin de lui nuire. Il fût d'assés bonne heure appellé à la Cour, le séjour du vrai mérite, & véritablement un Prince de l'art, tel que *Jonquille*, n'étoit pas fait pour croupir dans une Province. On eut soin, avant de le mander, de le décorer du titre de Professeur en Medecine, qui étoit dû à *Fizes*, & à *Rufus*. Un pareil titre est le cordon de St. Michel, un sot à talens en a les epaules traversées, un arracheur de dents le sollicite; le moyen par conséquent de refuser à un grand Personnage les mêmes honneurs, & qu'un Medecin du premier ordre vint à Versailles aussi nu que l'amour, & peut-être aussi *croté* que dans *l'oraison de Mr. S. Julien*. *Jonquille* arrive donc à la Cour, avec l'illustration convenable. A son arrivée, Mr. le Duc de G.*** l'homme du monde qui a le plus aimé son Maître, tombe malade d'un abcés au poumon, que le malheureux *Jonquille* prit pour un abçés au foye. Mais quel est le Medecin qui ne se trompe point? le grand Hippocrate prit une suture du crane pour une fracture, & ordonna le trépan.

Rien ne prouve mieux l'injustice des grands qui veulent qu'on dévine, tandis que le public ne voit rien & pardonne tout, que le tort considerable que cette legere avanture a fait à *Jonquille*; à l'armée, sans livres, sans malades, il ne sçait où trainer son pauvre corps : à charge à lui même, comment ne le seroit-il pas à ses bons amis de Cour? Est-il plus emploié à Versailles? Helas! Non. Il a beau se vanter, cela ne prend point.

Consolés vous, mon cher *Jonquille*, tel brille à Montpellier, qui s'éclipse à Paris. Jettés les yeux sur *Lethargus*, le plus respectable des Medecins par la probité, la douceur, & cette bonté d'ame tranquille que rien n'atteint, que rien n'emeut. Chancelier de l'Université de Montpellier, où il a professé 40. ans la Medecine, où la confiance du public, dûe à une belle & grande répresentation, & la plus haute consideration, fondée sur quelque mérite, marchoient, pour ainsi dire, à sa suite, que lui est-il resté de tous ces honneurs à la Cour? Ce qui ordinairement y fait naufrage, la réputation d'honnête homme, que j'aime & estime de tout mon cœur, mais qu'à pareil prix, quelque cas qu'on doive faire de la probité, je ne voudrois pas remplacer. L'honneur est une chimere, je le veux, mais elle tient un grand rang dans le monde, & s'en passer, c'est être trop Philosophe, c'est en tenir un bien petit. Enfin, mon pauvre Docteur, lisés les portraits de *Douillet*, de *Rufus*, de *Crysologue*, après cela si vous êtes encore mélancolique & de mauvaise humeur contre l'injustice du sort, ce n'est pas ma faute, prenés vous en à l'excés d'un amour propre que vous vous déguisés peut-être à vous même.

CHAP. IV.

Portrait d'EROSIATRE.

POur faire connoître *Erosiatre*, je n'ai qu'à parler de son aimable Fils. On sçait qu'il a degeneré de son Pere, comme le Papillon degenere de la Chenille, ou comme un Oranger greffé sur un pomier sauvage. Je sçai de lui des traits du cœur le plus noble & le plus grand, mais pour ne vous donner que l'idée de son esprit, il joint la justesse à l'agrément, & la meilleure philosophie à l'harmonie des plus beaux vers. Le Pere est encore moins obligé de ressembler au Fils, que le Fils au Pere. C'est pourquoi le patelin & doucereux Erosiatre a peu d'esprit, peu d'érudition, & nulles profondes connoissances dans son art. Le moien, disoit Julien, qu'il eut été bon Medecin ! vous sçavés qu'il est né d'un Hollandois qui vint s'établir à Paris, & fut le plus celebre empirique qui ait paru le siécle passé sur ce grand Théatre des Charlatans & des Imposteurs. Ce Medecin Hollandois n'a rien fait imprimer qu'un *Traité des maladies les plus frequentes*, dont le prudent Erosiatre auroit bien voulu retirer des mains du public tous les exemplaires, pour en faire le sacrifice au feu ; c'est l'ouvrage d'une sage-femme, d'un faiseur de Bandages, ou, pour mieux dire, d'un Marchand d'ypecacuanha. Cette racine du Bresil, fort connüe aujourd'hui, & fort emploiée par la plupart des Medecins dans toutes les dysenteries, de quelque nature qu'elles soient, étoit inconnüe dans le dernier siécle. Un Apotiquaire de Paris la connoissoit seul, seul il possedoit cette merveilleuse racine, dont un Etranger lui avoit vanté la vertu spécifique dans la maladie souvent funeste dont je viens de parler. Il étoit ami du Medecin Hollandois, il lui fit confidence de son secret, dont il ne sçavoit pas faire usage. Il imagina que les épreuves en seroient faites avec plus de jugement par un Docteur, & enfin il lui donna tout ce qu'il avoit, & ensuite il en fit venir de plus grandes provisions. Le Medecin Hollandois fit maint essais, plusieurs réussirent, non seulement parmi le Bourgeois, mais parmi les gens de qualité : tous furent séduits par la nouveauté d'un bon remede, qui cependant ne devoit pas toujours être administré avec le discernement nécessaire, par un homme borné & ignorant en Medecine ; de sorte qu'enfin il ne fut plus permis de mourir de la dysenterie sans la nouvelle racine : & c'est ainsi que ce fortuné mortel gagna six millions, que sa Fille, Sœur d'Erosiatre, n'eut pas de peine à depenser par son goût pour le faste & le plaisir, auquel se prêtoit en tout l'amitié d'un Pere qui en étoit idolâtre. Il faut bien effectivement qu'Erosiatre n'ait herité que d'un mediocre patrimoine, puisqu'au lieu de s'élever à la Robe, ou à la Finance, il a daigné descendre à une profession qui a peu de relief en France. Vous connoissés ce Courtisan d'Esculape, il n'a pas la tête beaucoup plus grosse qu'une pome de renette, dont on a pompé l'air, tout le corps est aussi petit & grêle, & son esprit est proportionnellement *angustié.* Mais l'adresse & le manege suppléent ordinairement à ce qui manque aux Medecins. Mr. Anodin, son maître & auteur d'un *Squelette Anatomique* qu'il lui a dedié, a eû la charité de lui faire les memoires qui l'ont fait entrer à l'Academie. Ainsi le maître a été le valet, le *Grosse* du Disciple. C'est dommage que le pauvre Anodin n'ait pas eû assés de génie, pour oser se jetter dans les tenebres de l'*Oeconomie animale*, Erosiatre n'eut pas été le seul à s'admirer dans son ouvrage, qui ne contient gueres que ce qu'on peut appeller une ſçience de Demoiſelle, & qui pour cette raiſon ſe laiſſe à peine apercevoir entre Boerhaave & Queſnay. Nous penſons la même choſe des *Obſervations ſur la petite Verole*, qui auroient pu faire honneur à leur Auteur, ſi le fameux Anatomiſte dont je parle eut été praticien. Au reſte il y a trois choſes qu'il faut remarquer, ou plutôt admirer dans ce traité, c'eſt 1.° l'utilité des diviſions & des ſubdiviſions de la petite verole, & l'attention & l'exactitude de l'Auteur à diſtinguer juſqu'à la *cohérence*, de la *confluence*, en quoi il a éclipſé & laiſſé fort loin derriere lui l'excellent Sydenham, 2.° Le danger de couper les boutons du viſage; 3.° La neceſſité des apoſêmes aigres, des jus d'herbes, des opiates &c. mais ſachés que dans quelque mal que ce ſoit, Eroſiatre n'oublie jamais de preſcrire une opiate à la ſuite de bouillons medicamenteux & quelle opiate! Elle feroit honneur à Avicennes, à Albucaſis, & aux plus grands *formuliſtes* des Arabes. Un malade qui aime les remedes, ou plutôt ſon Apotiquaire, eſt bien heureux d'avoir à faire à un Medecin ſi fecond en *recettes*, perſuadé que rien n'eſt plus analogue à la ſimple nature que le faſte de l'art, & la majeſté d'une formule parfaitement peignée & bien étoffée. Quelles reſſources en effet trouve-t'on dans ces Medecins auſſi économes de medicamens, que de la ſanté de leurs malades?

Quelques minces que ſoient les petits écrits d'Eroſiatre, il les regarde comme un pere tendre qui n'a que des yeux de complaiſance pour ſes plus ridicules enfans. Plein d'orgueil, il remercie ſon mérite extraordinaire, de la haute réputation à laquelle il vola rapidement au ſortir des écoles, comme ſi une vogue ſi ſoudaine, ſi précoce, ſi peu meritée, ne faiſoit pas néceſſairement avorter tout jeune Medecin qui a le malheur de ſéduire trop vîte le public. Oui,

Ero-

Erostatre a dû s'attendre à n'être jamais qu'un avorton de la Faculté; les connoiſſeurs l'avoient prédit & voient aujourd'hui avec douleur leur prédiction trop confirmée.

Vous deſirés maintenant ſçavoir quelle adreſſe, quelle induſtrie a pu faſciner les yeux de preſque toute la Cour, & comment concilier le bonheur & la fortune avec ſi peu de talens. Rien de plus facile à expliquer, & ſi vous aviés plus d'uſage du monde, vous imagineriés tout ſans peine, & me diſpenſeriés des détails.

Erostatre a toujours aimé le faſte & la dépenſe; il a toujours attiré beaucoup de monde chés lui, par ambition, ou pour ſe faire de puiſſans amis, qui l'euſſent élevé à une place dont l'a banni un prudent Cardinal. Sa politique l'a donc conduit vainement à abſorber la plus grande partie du patrimoine de ſon fils, qui ne ſera pas, à beaucoup prés, auſſi conſiderable, qu'il devroit l'être. J'ai dit que ce Medecin étoit *Patelin* & doucereux; il merite en effet le premier titre plus que l'*Avocat* qui porte ce nom, & ſa douceur, eſt un compoſé fade de miel & de baſſes flatteries. Vrai Courtiſan d'antichambre, il auroit des reproches à ſe faire, s'il avoit manqué de parole aux *femmes* d'une Ducheſſe, & s'il paſſoit une matinée, ſans aller prendre avec elles le Caffé à la crême. C'eſt là qu'il faudroit voir comme il jaſe, veut amuſer, cherche à plaire, & fait adroitement ſa petite Cour préliminaire, en attendant qu'on l'introduiſe au *petit jour*. Alors diſcret, comme un Abbé, ſur la pointe du pié, il entr'ouvre à peine le rideau, parle bas, & n'éleve une voix attentive, qu'à meſure que les pavots de Morphée s'évaporent. De là il ſe tranſporte ailleurs, & ſuivant la qualité des femmes qu'il rencontre, ou qu'il viſite, ou c'eſt un petit ſouris fin, qui a plus d'eſprit que lui, ou d'humbles & profondes révérences; tantôt même, on oſe baiſer la main, à qui on fait un petit compliment, & le baiſer paroit n'avoir pas été pris ſans quelque plaiſir; tantôt, & toujours d'un air tendrement proſterné, ce ſont les plus ſéduiſans & les plus gentils petits propos: „ vous „ ne m'aimés point, Madame, je le vois bien, „ je ne le ſçais que trop, je m'en aperçois de„ puis longtems; j'en ſuis faché, cela eſt deſ„ eſperant. Comment bon Dieu! moi qui vous „ ai toujours tant aimée, moi qui ſoutiendrois „ que vous êtes la plus belle femme de la Cour, „ s'il y avoit ſur cela la moindre conteſtation, „ ſi tous les cœurs ne rendoient pas à vos char„ mes le même hommage que le mien &c. N'eſt-ce pas là un vrai Medecin de Cour? & pourquoi faut-il qu'un auſſi gentil petit bon homme faſſe le malade, & aille ſe mettre au lit, lorſque il voit qu'une perſonne de conſideration eſt menacée d'un ſiniſtre évenement? Mais telle eſt ſa politique; en ce cas on eſt reduit à ſe contenter de ſon premier garçon, que le bourgeois appelle ordinairement en ſa place, dés le commencement d'une maladie.

Je finis par deux traits de la Charlatenerie d'*Eroſiatre*. Pluſieurs Medecins étrangers ont vanté le thermometre & s'en ſont ſervis eux-mêmes dans la pratique, pour meſurer la chaleur des fiévres, ce qui diſpenſeroit de tater le pouls, ſi la commodité du tact n'étoit préferable à l'inſtrument le plus portatif. *Eroſiatre* cependant fait uſage du thermoſcope mercuriel de Fahrenheit, & il regarde avec une bonne loupe non ſeulement les yeux, la langue, & le creux de l'eſtomac, mais un cu fiſtuleux, gangrené &c. Voilà le premier trait, & voici le ſecond. Appellé avec ſon gros Couſin *Decem*, il lui fit appliquer poſterieurement la main ſur l'omoplate d'une jeune Dame qui étoit ſujette à d'énormes palpitations de cœur; de ſon côté, qu'il avoit habilement choiſi, il prenoit le teton gauche, qu'il preſſoit avec force, en recommandant à l'épais Couſin d'appuier en même tems. Pouſſés, Couſin, dit-il, y êtes vous? Oüi, j'y ſuis, je pouſſe, répond le Couſin. Eh bien, réprit gravement *Eroſiatre*, que dites vous? que ſentés vous? *Dico*, repartit le ſot Couſin, *dico* que je ne ſens rien. Il faut avoüer qu'il y a des malades bien ſimples, & des Medecins qui ſont de grands originaux.

CHAP. V.

De la ROSE.

VOus connoiſſés ce Medecin, ou plutôt ce Sçavant; il a commenté un Roman qui porte ſon nom, il travaille à un Gloſſaire ſur nôtre ancien langage, il a raſſemblé un nombre infini d'Ouvrages qui forment une des plus curieuſes Bibliotheques de Paris. Les livres de Medecine en occupent la plus petite partie, c'eſt la ſçience à laquelle il s'eſt le moins appliqué. Il a toujours été fort curieux des connoiſſances tout-à-fait étrangeres à ſon art, & principalement des éditions les plus rares & les plus belles. Il ſçait le Grec, le Latin, l'Anglois, & mérite d'ailleurs le titre d'Homme Sçavant. Son ſçavoir lui a ouvert toutes les portes, & s'il eut voulu, il eut été auſſi emploié que *Philantrope*. Mais il a préferé ſon cabinet au public qu'il a dédaigné. Il n'a reſervé ſa Medecine que pour ſes amis, qui plus mal traités vraiſemblablement par un litterateur, que par un praticien, ont bien de la bonté de croire lui avoir obligation de la préference. Ce nouveau *Ducange* auroit du au contraire ne pas abuſer de leur trop grande crédulité. Pourquoi l'amour propre rend-il l'amitié ſi peu ſcrupuleuſe?

CHAP. VI.

De CRYSOLOGUE.

„ Grammaticus, Rhetor, Geometra, Pictor, Aleptes,
„ Augur, Scenobates, Medicus, Magus, omnia novit.

VOici encore un Sçavant, mais ſubalterne. Géometre, c'eſt-à-dire mauvais Géometre, Etimologiſte, Antiquaire, Théologien, & Théologien Moliniſte, pour plaire aux Jeſuites dont il eſt Medecin, & à un Cardinal dont il s'eſt prudenment fait un appui, Juriſconſulte, Politique, Hiſtorien, Naturaliſte, Medecin, au fait d'un grand nombre de Langues, il a travaillé ſur le langage Celtique, & il paroit au déſeſpoir de ne pas ſçavoir le Chinois, auſſi bien que *Fourmont*. Il ſçait tout juſqu'aux chemins des Romains dans le Languedoc, il a tout étudié, tout appris, excepté ſon métier, comme diſoit Mr. *Chirac*. Mais cet homme, qui eſt tout & n'eſt rien, en a impoſé par l'univerſalité d'un ſçavoir néceſſairement ſuperficiel. En écrivant l'Hiſtoire de la Verole, il a fait croire à des Lecteurs peu éclairés, qu'il n'ignoroit pas le traitement de cette maladie. Il y a même des gens de Lettres qui ont imprimé que depuis un demi ſiécle le genie Anglois n'avoit rien produit en Medecine qui fut comparable au Traité *de Morbis Venereis*. Mais ces Auteurs, à ce que je vois, ſont peu verſés dans l'Hiſtoire de cet art. S'ils connoiſſoient ſeulement les œuvres de *Freind*, s'ils étoient auſſi en état de comparer l'Ecrivain Anglois, au François, qu'ils ſont ignorans hors de leur petite Sphere, ils ſentiroient qu'il n'y a pas actuellement en France, deux genies capables d'être mis en paralelle avec celui-là, & de continuer ſa belle & inſtructive Hiſtoire de la Medecine.

Si la tête de *Cryſologue* eſt remplie d'opinions, comme ſes Ouvrages, qui en ſont impitoiablement heriſſés, les connoiſſeurs aperçoivent facilement que ſes yeux n'ont rien vû, & qu'il n'a pas plus le caractere d'un vrai Praticien, que d'un bon Ecrivain. Ses écrits ſont en effet ſi diffus & ſi methodiquement ennuieux, qu'on ne peut les lire qu'à cent repriſes, & qu'à force de courage: & quel cas peut-on faire d'un Medecin, qui, aïant préferé toute autre étude à celle de la Medecine, n'en parle & n'en peut parler qu'Hiſtoriquement, & par conjectures, ou par pure ſpéculation? & quelle ſpéculation encore que celle d'un fermentateur, toujours imbu de ces frivoles Hypotheſes, qui n'ont pas permis à ce Profeſſeur de traiter aucune matiere ſans les plus grands écarts, ni de ſaiſir les nouveaux principes & la ſeule maniere de Philoſopher du Grand Boerhaave, le reformateur de l'Art.

Cryſologue parle donc des maladies veneriennes & autres, comme des fonctions du cerveau qu'il paroit n'avoir jamais diſſequé. Ecoutés, c'eſt ici un effort de ſon genie, & une de ces admirables productions bien sûres de paſſer à la poſterité, pour la faire rire. „ Le cerveau, dit-„ il, eſt compoſé de cellules; au milieu de cha-„ que cellule s'éleve une colomne (comme celle qui eſt dans le refectoire de *St. Martin Deschamps*, & qui lui en aura peut-être fourni l'idée.) „ Les nerfs aboutiſſent aux parois de „ ces cellules, & enfin c'eſt là que ſont portés „ les eſprits, dont le jet va heurter contre la co-„ lomne & ſe refléchit diverſement, comme les „ raions de lumiere, qui tombent ſur la ſurface „ des corps ſolides.

Voilà en peu de mots tout le fond de la theſe que ſoutint *Cryſologue*, lorſque la Faculté chanta la palinodie, en faveur des ſecours, qu'il lui porta contre *St. Cosmes*, & l'adopta généreusement sur ses vieux jours. Elle écouta cet ingenieux systême, gueule béante, & oreilles dressées, & dans l'admiration, dont elle étoit penetrée, elle ne put s'empêcher de s'écrier : *dignus tandem*, *dignus est intrare in nostro Docto corpore.*

Pour comprendre ce que je viens de dire, il faut sçavoir qu'aprés avoir vainement sollicité une place à l'Academie des Sçiences, dans laquelle tout sçavant superficiel ne peut entrer, *Crysologue* se présenta à la salubre Faculté, qui l'honora du même refus. Mais tout s'oublie, & les opinions des hommes changent avec leurs interêts. Un motif qui, dans une Academie bien policée, suffit pour rayer un membre du tableau, la haine de *Crysologue* contre les Chirurgiens, a depuis peu fait revenir sur son compte les Medecins de Paris ; & ceux-là même, qui le détestoient le plus, se sont empressés de lui ouvrir une porte, qui lui avoit été autrefois trop durement fermée, pour que sa vanité ne dedaignât pas d'y refraper. *Boudin*, ce Chymiste par héritage, ce Facultatiste par goût, me disoit, „ voilà le dernier Medecin que nous recevrons „ *gratis*, il ne vaut pas chaque membre en parti- „ culier, mais il les surpasse tous par son érudi- „ tion, & tous les siécles ne produisent pas un pa- „ reil genie. Sans lui nous étions perdus, comme il a battu les Chirurgiens à plattes coutures ! & les *douze Lettres*, répondis-je en souriant ?

Voilà l'Histoire de *Crysologue*, ce Gaulier de la Litterature, ce sçavant *Bavard* qui écrit & dit ce qu'il sçait, & ce qu'il ne sçait pas, ce Dissertateur lourd, encore plus fatiguant, qu'infatiguable. Quiconque a une seule fois essuié sa conversation dans une maison, s'informe du portier, si ce Pedantesque tyran de la Societé n'y seroit pas, avant que d'y retourner. En effet je ne connois pas dans tout Paris un seul homme d'esprit & de goût, tel que les celebres *Eria-*

toul & *Montrou*, qui, lorſqu'on parle de ce Medecin, ne s'écrie, en levant les épaules, bon Dieu! l'inſupportable homme! Le premier de ces deux genies trouve qu'il a été peint par *Rigaud* dans un livre dangereux, dont il ne s'eſt repandu qu'un trés petit nombre d'exemplaires dans Paris. S'il connoiſſoit toute la hardieſſe & la préſomtion que la nature, ou le climat ſemble avoir données en propre aux Medecins de Montpellier, au premier coup d'œil il devineroit de quelle Faculté nous vient originairement *Cryſologue*. Cet écrivain ſe croit le régent de tous ſes Confreres, parcequ'il a foüeté deux cens Charlatans dans ſes écrits. Eſprit partial, ſuperficiel, comme l'Abbé des Fontaines, avec beaucoup moins d'agrémens & d'adreſſe, il ſe croit l'Ariſtarque de la Medecine, & voit Boerhaave même loin derriere lui. Critique ſec, groſſier, impoli, il a jugé ſevérement tous les Auteurs *Aphrodiſiaques*; il étoit juſte qu'à ſon tour il fut jugé par les mêmes loix.

CHAP. VII.

De LIGNUM.

IL n'eſt plus queſtion de *Lignum*, c'eſt un homme mort, il vit aujourd'hui en Province. Sa tête tournée par la mort de la Princeſſe de *** l'a fait retourner à St. Lo, dans le cabaret de ſon Pere. Cette bonne Princeſſe, à laquelle il donnoit de la ſanté, tant qu'il pouvoit, en reconnoiſſance lui donnoit des habits qu'elle n'avoit peut-être pas portés en robe durant ſix ſemaines. Il paroiſſoit tous les jours à la Faculté, avec un velour d'une nouvelle couleur; il n'y venoit jamais que dans un équipage leſte & brillant. Parfumé, comme *Douillet*, fleuri comme un petit maître, mouche au front, comme un Duc, diamant au doigt, rien ne lui manquoit; ce *Faquin* portoit même quelquefois des talons rouges. Il avoit toujours quelque jolie boëtte pleine de petites friandises, qu'il offroit à ses malades avec toutes les graces imaginables.

Ce Medecin étoit une espece de bel esprit; je ne sçai si ceux qui l'ont vû familierement, s'en sont aperçus; mais il est certain qu'il a mis la Chirurgie & la Medecine en vers & en Musique. Voilà les Maîtres qu'il faudroit à ces jeunes étudians, que les spectacles & les œuvres de *Voltaire*, vrai poison pour un jeune Medecin, éloignent trop d'une profession, dont les avenües sont fort desagréables. Aussi *Hunauld* proposoit-il *Lignum* à ceux, qui parmi ses Disciples, ne pouvoient soufrir que la Medecine fut écrite en prose, & sans esprit.

Cependant ce Docteur Lettré, qui eut mis *Hippocrate* en Madrigaux, s'est abaissé jusqu'à dicter une Chirurgie en prose, ouvrage cousu de pieces rapportées, comme l'habit d'Arlequin, que la Faculté a trop admiré pour ne pas le dicter un jour à nos garçons barbiers. Je ne parle point de l'esprit de *Lignum*, on en peut juger par son goût pour les vers, mais il faudroit lire ses bulletins, pour en sentir tout le mérite. Il écrit & parle comme *la Forest*, ou plutôt on croit entendre la Taupe de *Tan-zai*.

CHAP. VIII.

D'ESOPE.

VOus connoiſſés la riſible figure d'*Eſope*; il a fait une eſpece de petite fortune, qu'il doit à ſon eſprit, & à autre choſe, qui a été fort du goût de deux femmes de condition, qu'il avoit épouſées avant le mariage. Elles étoient belles, & lui fort laid; cet heureux contraſte eſt cauſe qu'il s'eſt joué lui-même dans ſon *triomphe de l'eſprit ſur la beauté*, comme *Destouches* dans le *Philoſophe marié.* Faire des Comedies! Quelle vocation plus heureuſe pour la Medecine! Il a auſſi fait quelques legeres Eſcarmouches contre nous & feu nôtre ami l'Abbé des F. en qui *Arnould* perd conſiderablement. Mais jamais il n'a étudié, ni ſérieuſement exercé la Medecine; c'eſt encore un Medecin d'amis, comme l'a triſtement éprouvé ce pauvre Marquis de Lomaria, dont il a cependant tiré 500. livres de rente. Il pratique auſſi dans les couliſſes, & dans les loges, tant des actrices, que des Francs-Maçons. Il viſite les unes, ſans nous faire tort, & harangue les autres, ſans nous faire plaiſir. Ce ſont cependant de trés beaux diſcours, des pieces d'Eloquence, dignes du Mercure. Mais les venerables freres, qui lui ont dedié un prétendu *Secret*, ſont auſſi difficiles en matiere d'eſprit, qu'en matiere de diſcrétion.

Si vous êtes mauvais Medecin, mon Fils, faites vous Franc-Maçon; un jour chef de loge, comme le venerable frere *Eſope*, vous ſentirés tout l'appui que donnent les Cordons-bleus de l'Ordre. Il eſt même bon de s'attacher à quelque Secte; Moliniſte, ou Janſeniſte, il faut être quelque choſe dans ce monde; les Jesuites, ou la *boëtte à Perette*, voilà les secours néceſſaires à un Avocat ſans cauſes, & à un Medecin ſans malades. Cela n'eſt-il pas vrai, grand *Cryſologue*?

CHAP. IX.

De *VERMINOSUS*.

JE vous ai fait voir cette Eſtampe originale, qui repreſentoit un Medecin de la Faculté, avec une hotte ſur le dos, non pleine de bougies, de Thé, de Caffé & de Chocolat, comme celles dont bien des Auteurs & des Charlatans paioient l'éloge mercenaire d'un écrivain periodique dont j'ai parlé, mais toute remplie de bouteilles d'eau de fongere; le Medecin paroit appuié ſur une Boutique, criant *à la fraiche, qui veut boire*; c'eſt *Verminoſus*, à qui l'imagination de *Hunaud* fit cette galanterie, en reconnoiſſance de certains traits piquans, lancés dans le *Journal des Sçavans*, duquel autrefois ce marchand de tiſanne fut honteuſement chaſſé. Cet homme en effet étoit enragé, & vouloit encore mordre, lors même qu'il n'avoit plus de dents. Pere deshonoré de l'*Ortopedie*, ſans un jeune Medecin de *St. Malo*, il n'eut jamais fait la table de la *prééminence de la Medecine ſur la Chirurgie.* C'eſt cet écrivain courbé, dont la lame pleine de feu, a eû bien de la peine à uſer le fourreau, qui avec une herbe qui ne s'éleve pas plus haut que ſon diſtillateur, & le ſyſtême des vers heureuſement imaginé, comme cauſe generale de toutes les maladies, a veçû longtems dans l'aiſance, à laiſſé quelque bien, & à marié ſa fille *Vermineuſe* & feüe ſa Bibliotheque à l'illuſtre nom des *Denyſius*.

J'ai donné à ce prétendu Medecin le nom de

Vermineux, à cauſe de ſon eau *vermifuge*, & je permets fort à *Cryſologue* & aux autres Etimologiſtes de la Faculté, de ſoutenir qu'on ne l'a ainſi nommé, que parce qu'il étoit la vermine des écoles. Je ne conſidere point *Verminoſus*, comme Anatomiſte, ſon mérite en cette partie me meneroit trop loin, c'étoit un génie pénétrant & qui a fait avec un ſuccés, applaudi de tous ſes Confreres, une Hypotheſe des plus ſubtiles ſur l'air, qui, ſelon cet Auteur, entre par le nerf optique dans le cerveau.

CHAP. X.

De BARNABA.

VOus connoiſſés *Barnaba* & ſa lourde minerve. Il a fait une grande fortune, non par la tête, qui eſt trop vuide d'eſprit & de connoiſſances, ſur-tout anatomiques, (car telle a été dans tous les tems ſon horreur naturelle pour les cadavres, qu'il n'a jamais pu prendre ſur lui d'en approcher) mais par la partie contraire. Les femmes qui en ont apparemment été contentes, l'ont proclamé Medecin, & grand Medecin, elles en ont fait le *bœuf à la mode*. C'eſt le ſucceſſeur de *Philantrope*, & l'on dreſſera un jour à l'un & à l'autre les mêmes honneurs qu'à l'Empereur *Julien*.

Pour vous apprendre à vous tirer d'affaire dans les conjonctures les plus délicates, & vous prouver en même tems l'adreſſe & l'inſtinct de ce Praticien, ou plutôt de ce *Routinier*, je vais vous expoſer ſa politique, lorſqu'il eſt forcé de l'emploier par la dignité & le rang des perſonnes qu'il traite. A-t'il lieu de craindre un funeſte évenement, qu'il auroit pu prévenir, il envoie, quoi qu'un peu tard, chercher le complaisant *Philantrope* qui approuve tout à Paris, comme à Metz. Le Public a bonne opinion d'une saignée à la jugulaire, dans les cas desespe-rés, où elle est inutile; on l'ordonne, & la malade en périt plus vite. C'est un malheur, mais il étoit sans remede, les deux premiers Medecins de Paris n'ont pu l'écarter. D'ailleurs on a la ressource de l'ouverture du corps, qui sert aux Medecins, si ce n'est pas à la Medecine; il suffit même d'examiner le cerveau, depuis que la Nature a revelé à l'*Empereur Julien* que le siege des maladies inflammatoires & malignes est toujours dans ce viscere. La moindre rougeur constate la fureur indomptable du mal, & tranquilise ceux qui s'en sont chargés: & si par hazard le cerveau est bien constitué, il a tort, il mérite toujours d'être accusé dans un Procés Verbal, & si le Chirurgien, quoique Gascon, ne veut pas signer contre la verité, un vieux Medecin doit lui dire ,, vous faites l'enfant: ,, eh! mon pauvre ami, vous êtes honnête homme, & Chirurgien, qu'allés vous faire dans ,, cette galere?

CHAP. XI.

De BAPTÊME.

JE ne parle point ici de ce *Baptême* que *Crysologue* traite poliment de Charlatan & de malhonnête homme, mais de cet Anti-Rhasés, qui absolument contraire aux idées de la *Forest*, de *Julien*, & d'*Hecquetos*, imprima il y a 15. ans, qu'il avoit l'art de guérir parfaitement toutes les petites Veroles sans saignée. La Faculté lança de justes Anathêmes contre cette dangereuse doctrine; le livre de *Baptême* fut brulé dans les Ecoles, & l'Auteur même fut contraint d'aller demander pardon, & de se retracter publiquement, tant de bouche, que par écrit. Depuis ce tems il a fait paroitre plusieurs volumes de *Consultations* pitoiables, mais qui, quoique plus mauvaises, n'en imposeroient pas moins à ceux qu'il a voulu seduire; car sans doute il ne s'est pas flatté du suffrage des connoisseurs. A quoi sert en effet ce suffrage, lorsque sans tant de peine, on peut s'assurer la confiance du public ? *Baptême* en est content, son nom n'étoit pas fait pour lui survivre, & quelle chimere de courir aprés la posterité qu'on ne rencontre jamais ! Un évenement fort singulier a préparé les voies de sa fortune; le canal, non des femmes, (ce qui ne seroit pas extraordinaire, il fait les Medecins, comme les beaux-esprits) mais de la sienne même, l'a servi aussi fidelement, qu'elle lui a été fidele. Il eut l'adresse de bien enfiler le chemin des ovaires; Madame se trouva grosse d'un enfant que Madame l'Abbesse de Chelles voulut bien nommer avec Mr. d'Argouges. Ainsi c'est par le Sacrement de Baptême que celui-ci est parvenu.

Pour faire juger de son mérite, ou de son manege, je ne rapporterai qu'un seul trait de sa pratique. Il fut appellé chés un malade qui avoit les jambes enflées. On chercha dans une assemblée de Docteurs graves, cette consolation ordinaire dont parle le délicat *Petrone*. Tous les Medecins prononcerent unanimement qu'il falloit purger Monsieur: mais *Baptême* qui désiroit fort s'en emparer, dit qu'il n'étoit point de cet avis, parcequ'il craignoit que l'action du purgatif ne rompît les vaisseaux lymphatiques des jambes. Aussi-tôt le malade, qui depuis 15. jours s'étoit à peine remué dans son lit, leve la tête, & d'un air inquiet, parlant aux Consultans, Mrs., dit-il, je ne veux rien risquer, & j'opine comme Mr. B., qui se saisit en effet de mon hydropique, dont il tira habilement plus de 25. Loüis. Ce Medecin tient aujourd'hui le haut du pavé. Quel plus heureux modele à suivre! & s'il est quelquefois vrai de dire qu'une Comedie vaut un Sermon pour les mœurs, quelle leçon, quel flambeau, qu'une pareille histoire, pour éclairer la conduite d'une tête de Medecin bienfaite, ou bien organisée!

CHAP. XII.

De Mr. ANODIN.

MR. *Anodin* est une petite machine dévote, qu'un rien scandalise, à qui une mouche fait peur, & qui s'enflamme de la moindre bluete; il n'a jamais prononcé par scrupule, ni écrit ces mots, *matrice*, *verge*, *grandes levres*, *pucelage*; sa modestie leur substitue les noms d'*uterus*, de *penis*, d'*hymen*, de *grandes aîles*, comme si la Vulve étoit un Moulin. On a dejà remarqué qu'il étoit faché de trouver le nom des parties de la generation dans les livres de l'art, & que peut-être il voudroit pouvoir retrancher ces parties des corps animés, tant il semble reprocher à la Nature d'avoir pris une voie honteuse pour perpetuer le monde. Sans être Cinique, comme Diogéne, il est difficile de ne pas citer ici avec l'Auteur dont je parle, ces passages de *Juvenal* & de *Moliere*:

Maxima debetur puero reverentia.

„Vous êtes bien sensible à la tentation,
„Et la chair sur vos sens fait grande impression.

Tout est soumis à la Physique & doit l'être aux regards des Physiciens. Les vûes d'utilité, qui suivent les recherches des grands hommes tiennent leur cœur en sureté, & la plus importante action de l'humanité n'a rien qui doive faire rougir un être, qui tient sans doute de la divinité, par les grands plaisirs qu'elle a voulu consacrer à cette opération de la Nature, & dont sans doute elle a fait dependre la vivacité, du sentiment plus ou moins exquis des nerfs dans les divers temperamens. Mais revenons à Mr. *Anodin*, & suivons-le dans ses visites à l'Hôtel-Dieu.

Comme il avoit observé tant de si petits nerfs, tant de fibres si fines & si deliées, il avoit peine à concevoir qu'on put vivre, sur-tout en se servant des Medecins; il étoit au désespoir d'être emploié dans ces grands Hôpitaux, où la vie de tant de Sujets est confiée au premier venu, ou à des gens qui la regardent comme la boüe de leurs souliers. Ce que je vais dire n'est point un conte; *Anodin* craignoit l'effet des plus doux remedes, toujours tremblant pour les suites, aprés avoir ordonné deux onces de manne, il alloit sur le champ se mettre à genoux devant l'Hôtel de la Vierge, pour la prier que ce medicament ne rompit pas le fin tissu des fibres, ou ne produisit point de superpurgation.

La sçience anatomique seule ne fait jamais qu'un pauvre Medecin, qui fait lever les épaules aux femmelettes, & à toutes gardes-malade; elle ne peut être dans la pratique qu'une source d'erreur, ou de crainte, lorsqu'on n'est pas plus Praticien, qu'*Anodin*.

Comme ce petit bon homme est le tâteur, ou plutôt le tatonneur de la Faculté, le celebre déserteur de nôtre Academie, le fit venir un jour chés la belle Duchesse de R... aprés qu'il eut palpé tout à son aise la région abdominale, il prononça en bégayant que les vaisseaux du colon étoient engorgés. Une selle fit cesser promtement tout l'engorgement, ce n'étoit qu'un Etron.

Voici quelle eſt à Paris la reputation d'un homme, ſi veneré chés l'Etranger. Lorſqu'-*Anodin*, dit-on, a fait ôter les jarretieres, le col, le centuron, déboutonner l'habit, la veſte, & la culotte (car tout ce qui preſſe, nuit:) fait délacer les femmes, tout eſt dit, tous les obſtacles de la circulation ſont levés. Si cependant, je le ſuppoſe, il manque encore quelque choſe au parfait équilibre des liqueurs, ou à l'égalité de leur cours, en ce cas, il conſeille le remede doux & agréable dont il porte le nom. Ce *Quaker* ne conſeille la ſaignée que, comme *Tourneſol*, dans un preſſant beſoin. Mais ſi l'on aime mieux être ſaigné, que purgé, le complaiſant *Anodin* y conſent, parce que c'eſt toujours bien fait de differer un remede qui en ſoi n'eſt pas indifférent. Refuſe-t'on l'un & l'autre conſeil? le benin, ou plutôt le Benêt y conſent encore, pourvû que l'on veuille bien prendre ſon petit clyſtere *dulcifiant*. Mais Mr., dit le patient, j'ai des hémorrhoïdes, & d'ailleurs je n'aime point la céremonie de ces ſortes d'injections. Eh! *pableu*, dit Mr. *Anodin*, à moitié faché, prenés donc de la tiſanne de chiendent, & de l'eau de poulet.

Je finis par ce dernier trait. Ce Medecin fut appellé chés la femme d'un Perruquier; il ſe mit à rêver, aprés avoir taté le pouls, enſuite il partit, le Mari court aprés *Anodin*, qu'il crut fol; mon cher ami, lui dit-il, je ne ſuis pas de ces Medecins qui décident ſur le champ, je vais reflêchir chés moi aux ſecours qui conviennent à cette pauvre femme, elle eſt bien mal, & il faut qu'avant mon retour elle ait reçu tous ſes Sacremens. Le Mari revient trois heures aprés; cela ne va pas ſi vîte, dit l'Anatomiſte fameux, je n'ai pas encore exactement calculé combien de fois le ſang a du paſſer par le cœur dans une heure. Enfin toute la combinaiſon étant finie, il ſe détermina hardiment à tirer un coup de colier, je veux dire à ordonner demie once de manne, avec demi gros de criſtal mineral ; il eut ſoin en même tems de recommander expreſſément qu'on vint l'avertir, en cas que la malade fut trop évacuée.

CHAP. XIII.

De *PHILANTROPE*.

P*Hilantrope* dans ſon jeune âge étoit plus beau que l'amour, qui lui avoit prodigué ſes plus grands bienfaits, comme on va voir.

Mr. le Maréchal de **** le fit, il y a plus d'un demi ſiécle, Medecin en Chef de l'Armée d'*Italie*, & le mena à ſa ſuite. Il entra dans la chambre de *Philantrope*, un matin qu'il dormoit, & apercevant par hazard combien les couvertures étoient élevées dans un certain endroit, curieux de voir la cauſe d'un phénomene qui lui ſembloit prodigieux, il appelle ſes aides de Camp, & aprés avoir quelque tems admiré, „ morbleu, dit-il, voilà un B.... qui ne ſera „ jamais Medecin de Madame la Maréchale. „

Philantrope arrive à Paris avec des talens qui ne furent pas longtems cachés. Ils furent pronés par le Maréchal & autres puiſſans amis qu'il s'étoit faits. D'ailleurs il ſçavoit parfaitement le Latin & le Grec, & c'eſt à la faveur de tous ces talens, joints à un eſprit nerveux & capable de raiſonner avec force, qu'il eſt devenu le *Caron* de ces bords. Il y a plus de 60. ans qu'il tâte le pouls des pauvres humains, il voit, à tout prix, une infinité de malades, il ne ſemble pas permis de vivre, ou du moins de mourir, hors de ſes mains, il faut que chés lui paſſe & païe la vie de chaque particulier. Telle eſt la maladie Epidemique qui ravage aujourd'hui tout Paris.

Philantrope eſt un *Routinier* d'Eſculape, qui ſuit les voies fraiées par ſes ancêtres, comme un cheval de Meſſager ſuit la cloche, ſans jamais s'écarter du grand chemin. Avec *Baptême* & *Tourneſol*, il eſt plus avare de ſang que *van Helmont*; avec *la Foreſt* il en rougiſſoit la Seine. Ami de tout le monde, approuvant tout, ne dédaignant l'amitié de perſonne, bruſque par nature, & complaiſant par politique, il n'a jamais eû d'autre ſyſtême que celui du moment, ou du Medecin préſent, ou même du malade. Sans Théorie, ſans aucunes connoiſſances des parties de ſon art, ignorant la Botanique, l'Anatomie, la Chymie, la Pharmaceutique, la Chirurgie, une routine aveugle, ou du moins borgne, maſquée du beau nom d'expérience qu'il ne vantera, je crois, plus devant des gens, tels que *Qualisnaſus*, avec un inſtinct plus ſûr, quoique plus borné que celui de l'*Empereur Julien*, l'a élevé au comble de la réputation dans Paris, & il a trouvé dans le ſein de l'empiriſme, tous les tréſors de *Plutus*.

Ceux qui jugent de ſon mérite par ce qu'en diſent tous ceux qui ſont incapables d'en juger, prétendent que c'eſt un grand Praticien, un ſecond *Julien*: comme ſi la celebrité de ce dernier n'offroit pas le même problême à réſoudre, puiſqu'il a toujours été livré à des préjugés hypotetiques plus dangereux cent fois que le hazard & la routine, comme on le dira. Mais nous, que l'approbation du Vulgaire ne ſéduit pas, nous jugerons *Philantrope* par ſes œuvres, comme *Julien* même. Mais qu'eſt-ce que les œuvres d'un Medecin qui a eû la prudence de ne point écrire? Sont-ce tous les malades qu'il a guéris? La nature en guérit les $\frac{15}{16}$ dans les Hôpitaux, malgré la mauvaiſe conduite des malades, & l'infidele exécution des ordonnances. Qu'on ne nous allegue donc point les prétendus miracles, qu'opere un Medecin, qui a aſſés peu de conſcience pour voir cent malades par jour. Toute guériſon eſt équivoque, à moins qu'on ne l'ait ſûrement prédite, ce qui arrive rarement, à cauſe de l'incertitude des prognoſtics. Les converſations ſur l'art, auſſi approfondies qu'elles peuvent l'être, les Conſultations de bouche & par écrit, la pénétration des vûes, la ſolidité & l'excellence des conſeils, voilà les œuvres d'un Medecin qui n'a point fait de livres. Achetés à preſent, mon Fils, le recueil des Conſultations, de *la Foreſt*, de *Julien*, & de *Philantrope*, & vous jugerés facilement trois hommes celebres à la fois. Si ces ſortes d'écrits donnent une idée peu avantageuſe de la Science de *Philantrope*, ſi les Medecins de *Province* en font peu de cas, ſi les Sçavans qui ont conſulté avec ce Medecin, le regardent comme le fils aîné de la fortune, d'avoir monté au plus haut de la roüe, ſans échelle, il n'y a pas lieu d'augurer plus favorablement des autres œuvres du Medecin, ni de le croire un homme ſi ſuperieur, au lit des malades. Que dis-je, y a-t'il aucune apparence qu'un tel Docteur ne ſoit pas auſſi mediocre, qu'il a été heureux ?

Je ſens tout le poids que les Sectateurs de *Philantrope* donnent à ſa prétendüe expérience, mais je ferai voir ailleurs ce que c'eſt que l'expérience d'un ſeul homme, tel que celui-ci, qui, dédaignant la lecture des Anciens & des Modernes, ne s'entretient que dans la lucrative habitude de voir des malades, depuis qu'il eſt entré dans Paris, & par conſequent dans l'ignorance de ſon art. Mais je ne veux point troubler ici les préparations, que la reconnoiſſance du public credule fait pour l'apothéoſe de *Philantrope*, qu'on place d'avance à la droite de l'*Empereur Julien*, auprés de qui fume encore une pauvre lampe prête à s'éteindre. Nous permettons même qu'on encenſe, ſi l'on veut, non ſeulement *Bacouill*, mais cet ancien arracheur de poireaux & de Cors és piés, qui, grâce à un beau Cardinal, joüit du meilleur Canonicat de toute la Medecine, & auquel la reconnoiſſance trop genereuſe d'un bel eſprit, qui a le cœur excellent, a prodigué des Eloges Poëtiques.

CHAP. XIV.

Du Singe de la FOREST.

C'Eſt ici un des plus ſurprenans Phénomenes de la Medecine. Lorſque le Medecin, dont je parle, oſa ſe préſenter à la Faculté, il étoit porteur de 6000. livres & de 12. années de pratique; cependant on delibera ſix fois, ſi on le recevroit. Enfin la ſcéne fut heureuſement denouée, par le crédit de *la Foreſt*, qui le produiſit, parce qu'il ne pouvoit lui faire ombrage, comme on le dira plus loin. Ce mauvais *Singe* preſenté par un tel Mécene ne ſe crut ni un ſot, ni un ignorant. Sa politique fut de parler beaucoup, & quelques ſots ont cru qu'il parloit bien. Il s'eſt enfin érigé en Colporteur de nouvelles, il eſt en commerce avec ceux qui aiment à en répandre. On l'attend tous les matins en certains lieux, où il eſt écouté avec toute l'avidité des Nouvelliſtes. Au fond, ce n'eſt qu'un Bavard, peut-être auſſi grand que *la Foreſt*, avec cette différence que l'un eſt le plus plat, le plus mauſſade, & l'autre le plus *joli* & le plus aimable du monde. Les femmes, qui vouloient qu'on ſçût dans Paris leur maladie, & les remedes qu'elles prenoient, preféroient donc avec raiſon *la Foreſt* à *Riboë*. Madame *** qui vouloit ſe faire ſaigner au pié, & que la nouvelle s'en répandit, les envoia chercher. Si je connoiſſois, diſoit-elle, de plus grands bavards, je les euſſe conſulté.

CHAP. XV.

De *RUFUS.*

Illa licèt pateant, tu tamen usque nega.

RUfus aprés avoir fait ses études à Montpellier, fut emploié en 1735. en qualité de petit Medecin subalterne dans l'Armée d'Italie, de laquelle il fut congedié pour cause d'ignorance, comme *Verminosus* fut chassé du *Journal des Sçavans* pour sa méchanceté. Voici le fait. *Rufus* fut chargé d'examiner les médicamens des Hopitaux ambulans, & il les trouva trop mauvais, ou trop mal-choisis, pour qu'on en fit usage. Quelque tems aprés, on lui fit acroire qu'on en avoit fait venir d'autres de Marseille, & on lui présenta les mêmes, qui n'avoient changé que d'enveloppes, ou de caisses. Il approuva, il donna mille éloges aux drogues qu'il avoit condamnées au feu.

Chassé de l'Armée pour cette raison, il vint à Paris sans un sol, mangeant à la Gargote à 8. sols par répas, avec des habits de velour, & de droguet de soye, levés a credit sur le futur reveuu des cadavres.

Le premier habit de *Rufus* fut decidé gaté, ou mal-fait. Il le porta cependant deux mois, & dit ensuite au tailleur, qu'il vouloit que son habit lui fut paié. *Rufus* avoit dejà assés d'amis pour s'opposer à la Justice, il fit assigner cet ouvrier, qui fut condamné, suivant l'usage.

Rufus fut à son tour assigné par son tailleur & par son laquais. L'un le plaida pour la façon de deux autres habits, qu'il lui devoit, (ce qu'il nia par serment en plein Châtelet;) l'autre, pour le paiement de ses gages, & de ce qu'il avoit debourſé tant aux Foſſoyeurs, (qui déterreroient le Pape, pour le vendre) qu'aux Gargotiers. L'honnête & rare Procureur de *Rufus*, à qui St. Jean fut porter ſes plaintes, l'empêcha, par principe de conſcience, de faire des nouveaux frais, dont il ſeroit encore la dupe, par la facilité de *Rufus* à lever la main devant le *Crucifix*, comme devant un morceau de bois. Tant il eſt vrai qu'on n'eſt pas plus ſûr d'être honnête homme, lorſqu'on n'eſt pas riche, même avec de l'éducation, que de ne pas ſe jetter par la fenêtre dans un accés de manie!

Telle eſt la probité de *Rufus*; voici la reconnoiſſance dont ſon grand cœur eſt capable. Mr. *Sept* mon illuſtre Confrere lui avoit galamment prêté 10000. livres, parce que la femme d'un Libraire, à laquelle il ſervoit, plus que de Medecin, & qui l'avoit fait recevoir à ſes dépens dans la Faculté de Paris, ne pouvoit plus lui fournir, à l'inſçu de ſon Mari, tout l'argent dont a beſoin un Medecin qui veut s'établir en cette Ville, ſans autre reſſource que celle du ſcalpel & des *cours particuliers*, ou plutôt des *cours ſolitaires*. Que fit *Rufus*? Vous ſçavés que la nature envers lui moins mere, que marâtre, lui a donné la figure d'un homme faux, perfide, & même plus fourbe que *Sinon*; il en a parfaitement ſoutenu le caractere. Il n'a paié que d'ingratitude les bienfaits les plus genereux, & ce vice ordinaire des mauvais cœurs & des ames baſſes, de combien d'indignes propos ne l'a-t'il pas aſſaiſonné? „ Le pauvre garçon „ diſoit-il au premier venu, „ vient de donner pluſieurs „ memoires à l'Academie, mais il embraſſe tant „ de choſes, qu'à la fin il ne dira rien qui vail- „ le; & entre nous, ajoutoit-il, je ne connois „ rien de ſi ſuperficiel, de ſi adroit & de ſi ruſé, „ pour faire quelque choſe de rien. Il a une „ phyſionomie d'une gravité douce & fine, qui „ feroit honneur à un homme de condition; la

„ prudence & la politique & l'ufage du monde „ & les belles Lettres, fi rares dans un Chirur- „ gien, accompagnent & ornent tous fes dif- „ cours; il a été auffi galant que Madame ; „ beaucoup d'Auteurs qu'il admet familierement „ à fa table, font fes amis, & travaillent pour „ lui. Sans cela comment un homme fi em- „ ploié dans fon art, & fi digne de l'être, pour- „ roit-il publier tant de differens petits écrits fur „ des matieres qui lui font abfolument étran- „ geres ?

Je n'apprens rien de nouveau à mon Confrere; le fond de ces difcours lui eft parvenu, il a rougi de l'amitié qu'il lui avoit prodiguée, l'indignation & le mépris ont pris fur le champ fa place.

Confolés vous, Mr., le fuffrage du public vous vangeroit, fi le mépris dont *Rufus* honore les jeunes Auteurs, & fur-tout les Traducteurs, & même les vrais genies, ne faifoit vôtre Eloge.

Vous avés vû par une petite lettre qui a parû contre le fyftême de ce Medecin fur la voix, & qui, au jugement de l'Abbé des Fontaines, réduit pour toujours l'Auteur à exercer une vertu rare, qui eft *la patience*, vous avés vû, dis-je, que *Rufus* ne fçait pas le François, & que fes écoliers ont tort d'être furpris que dans fes leçons il donne tous les jours, comme on dit, des *fouflets* à Ronfard. Mais ce n'eft pas tout; Dieu fçait quelles fottifes il fait dire tous les jours au Grand *Boerhaave*, qu'il n'entend pas & qu'il a la fureur d'expliquer, pour gagner de l'argent! Ses écoliers s'en font aperçus, en confrontant fes difcours avec l'Interprête François, qu'en confequence il a trouvé pitoïable, ne rendant jamais le fens de cet Auteur, & qu'il a defendu à fes Difciples d'acheter.

Rufus ne fçait de Phyfiologie que ce qu'il y a de plus commun, que ce qui court, pour ainsi dire, les rües; cependant il n'estime pas les remarques Françoises d'*Heister*. C'est, dit-il, (comme *Verminosus* le disoit de l'*Oeconomie Animale* de *Qualisnasus*) c'est „ *Boerhaave* mis „ en pieces, ce sont ses propres leçons habillées „ à la Françoise. Ne pouvant prouver lui-même ce qu'il avançoit, il trouva chés *la Forest* dont il étoit le complaisant, & aux démarches duquel il doit son rang Academique, il trouva, dis-je, le Commentateur de *Boerhaave* & le pria instamment, de concert avec *la Forest* qui avoit ses raisons pour s'y joindre, de faire un paralelle qui demontrât clairement toute la *friponerie* de la belle Physiologie dont je parle, & qui ne ressemble presque en rien, (si ce n'est par rapport au fond) avec celle de Haller, comme les Sçavans peuvent en juger.

Rufus est bien plus ignorant en pratique, qu'en œconomie du corps; la routine même lui manque, faute d'habitude de voir des malades. Cela ne l'empêche pas, d'être nommé examinateur des faits, des *Observations de Medecine pratique*; il lit quelques pages du manuscrit qui lui est confié, & dit ensuite à tous les Medecins qu'il rencontre, qu'il ne peut donner son approbation à une pratique aussi detestable. Ces bruits viennent aux oreilles de l'Auteur qui demande au mediocre Anatomiste, depuis quand il est devenu Juge des Praticiens. Alors sans se déconcerter, *Rufus* nie le plus humblement, qu'il ait tenu de pareils discours, & aprés mille excuses, lui proteste qu'il est rempli de consideration pour ses talens. On peut voir dans la petite Preface de ce *Journal*, le cas que l'Auteur fait du jugement d'un *Rufus*.

Mais toutes ces petites jalousies vont bientôt s'éclipser à la vûe de *Hunauld*, du vivant du quel *Rufus* avoit la présomtion d'expliquer les œuvres Classiques de *Boerhaave*. Il alloit entendre ce Sçavant Homme au jardin du Roi,

& même quelque fois dans ſes leçons particulieres, il lui témoignoit l'eſtime & le dévoüément le plus parfait, en un mot on peut dire qu'il lui faiſoit une eſpece de petite Cour, de peur d'être écraſé par un auſſi redoutable ennemi; cependant jamais le demon de l'envie, au teint pâle & blaſé, n'a ſi pleinement poſſedé une ame vile & mercenaire, jamais on n'a ſi cordialement haï, ſi ſincerement ſouhaité la mort d'un Rival. Il paioit des Epions pour ſçavoir ce qui ſe paſſoit, ce qui ſe diſoit dans les Cours particuliers de *Hunauld*; il le chargeoit de mille ridicules dans les ſiens, & emploioit les moiens les plus honteux pour lui enlever quelques uns de ſes Diſciples, ſous prétexte d'un moindre prix, toujours trop cher, quand la marchandiſe ne vaut rien: enfin ſans reſpect pour les mœurs les plus douces, pour l'eſprit le plus aimable, & pour les talens, marqués au coin du vrai génie, *Hunauld* n'étoit, ſelon *Rufus*, qu'un petit Anatomiſte, un libertin ſi livré aux femmes, & a tous les plaiſirs, qu'il ne pouvoit vivre longtems.

Cette mort fatale à l'honneur de la Faculté, eſt arrivée au gré des deſirs de *Rufus*, dont les indignes diſcours faiſoient aſſés l'aveu; de ſorte que, tandis que l'Anatomie en deüil ne pouvoit plus tenir ſon Scalpel, (ſi l'on me permet de la perſonifier) tandis que les gens de lettres & de goût pleuroient avec elles, l'heureux *Rufus* jouiſſoit tacitement d'un plaiſir, qui, tout cruel qu'il étoit, rempliſſoit ſon cœur, & le mettoit au comble de ſes vœux. Qu'eut-il véritablement fait dans Paris ſans ce favorable, ou plutôt funeſte évenement? Les *Boerhaave*, les *Albinus*, les *Cheſelden*, les *Morgagni*, les *Hoffman* &c. n'adreſſoient qu'à *Hunauld* tous ceux qui vouloient acquerir les plus ſubtiles & profondes connoiſſances de l'Anatomie & du mécaniſme des corps animés. Mais depuis ce tems, *Rufus* a paié ses dettes, & ne va plus ni à la Gargote, ni à pié, & *Bertin* n'a encore cassé qu'une roüe de son carosse. Cependant *Rufus* ne sçait pas manier le Scalpel, & certainement il n'auroit pas osé demontrer toutes les parties deliées du dedans de l'oreille, en presence de gens qui auroient assisté, comme un des *Tournesols*, à cette démonstration faite par la dexterité même chés *Hunauld*. Aussi *Rufus* n'a-t'il pas pris pour son prévôt de salle un gros Boucher, tel que *Mertrud* qui a guéri Mr. *Ory* par un remede que son Maître lui avoit appris, & qui a voulu entrer à l'Academie à la faveur d'un memoire fondé sur *o* & qu'il ne put jamais lire dans la sçavante Assemblée; il a habilement choisi un jeune Chirurgien, meilleur Anatomiste que lui, & sans lequel il eut été obligé de *plier boutique*, pour parler vulgairement.

Jugés en par ce trait. Un jour il le pria de lui faire voir le *muscle auterieur de l'oreille*, qui, je crois, a été decrit par *Santorini*, & qui, selon cet Observateur, prend naissance de l'*Apophyse Zygomatique*, & va se terminer au devant de la *Conque*. L'habile Chirurgien repondit que ce muscle ne se trouvoit que dans *Santorini*; il eut beau dire & faire, *Rufus* s'obstina tellement, que pour se delivrer d'un ignorant importun, on s'avisa de lui couper en son absence une trés petite portion du muscle *Crotaphite*, & on l'attacha ensuite aux parties désignées, avec autant d'art, que *Rufus* même en emploia pour ajuster des rubans dans cette glotte, qui en consequence de ce frauduleux artifice, fit un bruit dont toute l'Academie fut pétrifiée. Moiennant quoi le fripon fut trompé à son tour.

Vous êtes surpris, mon cher Fils, que tant de gens vraiment doctes aient été pris à un piege aussi grossier. Mais sans le celebre déserteur de leur corps, ils croiroient peut-être encore que toutes les maladies viennent des vers du ſang, & qu'il y a une liqueur qui par d'autres *animalcules* qu'elle contient, peut detruire ceux-là, & conſequemment toutes les cauſes de nos maux.

Un Charlatan, ſans ſçavoir un mot d'optique, avoit *Catoptriquement* trompé tout Paris. De même ſans le jeune Auteur de la Lettre critique & pleine de ſel, & d'agrémens, dont j'ai parlé, ou plutôt ſans les expériences Anatomiques faites par lui ſous les yeux de *Hunauld*, qui huit jours avant la maladie dont il eſt mort, me dit qu'il vangeroit l'illuſtre *Dodart*, & demaſqueroit le fourbe qui vouloit s'élever ſur ſes débris, *Rufus* eut paſſé pour un eſprit pénétrant, juſqu'à ce que le tems, qui met le prix aux découvertes, eut anéanti les chimeres & les friponeries de nôtre Anatomiſte. Plus Charlatan que *Gaddesden*, plus fourbe qu'*Uranius* (1), il ne connoît que l'ambition & l'intérêt. Voilà les dieux, Medecins, auxquels il vous ſacrifieroit tous. *Fœnum habet in Cornu*, *longè fuge &c.*

Il ne faut pas plus de mérite, ni des dehors plus ſpécieux que les ſiens, pour en impoſer au public, & même pour uſurper un empire dangereux ſur des eſprits foibles & credules, faciles à ſéduire par de vains titres & une autorité frivo-

---

(1) *Uranius* étoit un fourbe adroit qui ſçavoit maſquer tous ſes vices, ſous l'apparence de la vertu. Ce Medecin de Syrie qui vivoit au Xe ſiécle, trouva le ſecret de paſſer pour le plus grand Philoſophe de *Perſe*, ſans ſçavoir un mot de Philoſophie. La vanité, la préſomtion, l'impudence, faiſoient ſon caractere & tout ſon mérite, de ſorte qu'il ne pouvoit tromper des gens éclairés qui voioient qu'il manquoit eſſentiellement de génie & de vraies connoiſſances, dit Mr. *Freind*. Je croiois le paralelle plus parfait qu'il n'eſt; Rendons juſtice à *Rufus*, il l'emporte ſur *Uranius*.

le. Quoique je ne me ſente certainement dans le cœur aucune envie de nuire, j'ai donc dû empêcher de mon mieux que *Rufus* ne nuiſe lui-même, en le peignant de couleurs auſſi vives, que vraies. J'ajoute qu'il n'eſt comparable à aucun des fameux Anatomiſtes des deux corps ennemis, c'eſt le *Bacouill* de l'Anatomie. J'ai tout dit par ce dernier trait, & j'aurois peut-être mieux fait de ne pas entrer dans tous les petits détails miſerables qui compoſent ce portrait. Les petites choſes ont beſoin d'être relevées par la dignité & la maniere noble de les traiter. Mais qui a le pinçeau de Mr. *Le Sage*? Qui peut ſe proſtituer avec décence ?

CHAP. XVI.

De Mr. DOUILLET.

C'Eſt ici le vrai *Douillet* du *Philantrope*. On le leve, on l'habille, on le parfume, on le deshabille, on le couche. Son pot de chambre eſt d'argent, ou de la plus belle porcelaine du Japon. Il n'eſt point dans tout Paris des perruques d'un plus beau blond, ni de plus belles dentelles. Ce Medecin a l'air d'un Seigneur dans ſon appartement, & d'un Sçavant dans ſa Bibliotheque, qui eſt ſuperbe, & jamais dérangée. C'eſt là qu'il a fait ſon traité Latin de la petite Verole, avorton inconnu, mort en naiſſant. C'eſt là que depuis dix ans il travaille à laiſſer *à ſa Patrie* un nouveau & précieux *Legs* de toute ſa pratique de Medecine, que je lui conſeillerois d'abandonner pour l'honneur de ſa memoire. Quand on n'a pas les plus profondes connoiſſances d'un art, il faut éblouïr les autres de ſa routine, mais il y a trop d'amour propre à être ſoi-même aſſés aveugle, pour croire donner d'excellentes choses. Mr. *Douillet* ne s'est jamais occupé de sa profession, tant Théorique, que Pratique, que parce qu'elle remplit certains momens de la vie, dont le vuide est affreux. Il n'a jamais, dans ses plus grands jours de solitude, écrit, ni lû plus d'une heure de suite, de peur d'échaufer son sang, & de priver sa bile de sa douceur balsamique. Plus partisan d'une vie douce & tranquille, & d'une volupté commode, que de la turbulence de la pratique de la Medecine & de l'amour, il ne voudroit pas se baisser pour ramasser un malade, ni le plaisir. Il faut, comme parloit *la Forest*, qu'il soit sollicité & tiré par la manche. Il est vrai qu'il avoit autrefois la peine de descendre de chés lui, pour monter ensuite dans l'appartement voisin de sa Maîtresse; mais ces plaisirs étoient bien fatiguans, il a fait faire une porte de communication qui les a rendus plus faciles. On n'est dans la vie que pour se procurer ses aises & ses commodités. C'est à la faveur de ce passage, que Mr. *Douillet* a consenti de passer tous les jours cinq ou six heures, sur le Sopha de son amante, riche Italienne. Voilà le théatre de ses plaisirs, & la malade chés qui le Medecin étoit allé, toutes les fois qu'on le demandoit, & où il ne tarderoit pas. C'est là que tant d'appas & qui coutoient si peu, étoient prodigués au fortuné *Douillet*. C'est là que *Boileau* semble avoir pris son incomparable portrait de la molesse. *Douillet*, l'heureux *Douillet* l'y représentoit au naturel avec tous les charmes de la volupté qui la suit. C'est dans les bras de l'objet de tous ses desirs, qu'il versoit ces larmes délicieuses, mêlées de toutes les douceurs de l'amour.

Un Epicurien peut être un homme de beaucoup de mérite & de talens, s'il sçait partager son tems entre l'étude & le plaisir. Mais un homme sans génie, sans esprit, ennemi du travail par temperament, ne peut devenir un aigle en quelque art que ce ſoit. Ainſi la mediocrité de nôtre petit Docteur n'aura rien qui ſurprene; il n'a jamais cherché le public avec plus d'empreſſement qu'il n'en a été déſiré, & cependant il a fait fortune dans le ſein de la plus douce tranquillité. D'où vient tant de bonheur ſi peu mérité? Eſt-ce de la diſcrétion que tout Medecin doit avoir, & que la prud'homie de celui-ci a affiché au plus haut point, de ſorte que l'honneur des plus grandes familles lui a été confié ſans crainte, ainſi que les maux les plus honteux? Eſt-ce des grandes maiſons auxquelles il s'eſt attaché de bonne heure? Je le crois, & cela ſeul prouveroit que c'eſt toujours bien fait à un Medecin de s'appuier de la protection d'un Miniſtre, d'un Cardinal, ou d'un Prince, ſi le fin Politique *Cryſologue* ne confirmoit cette verité par la ſageſſe de ſa conduite. En effet *Douillet* ne pouvant ſe diſſimuler ſon peu de mérite, a paru ne pas ſe ſoucier d'être fort répandu dans Paris, & l'amour propre ſe conſole en effet facilement du peu d'hommages qu'on lui rend, lorſque l'indolence & la pareſſe ſont ſes attributs favoris. C'eſt pourquoi *Douillet* s'eſt borné à traiter un petit nombre de Seigneurs. Sa fortune qui eſt de plus de 30000. livres de rente viagere (car un tel homme ne vit que pour lui, il eſt ſon parent, ſon ami, & même ſa Maîtreſſe à lui-même,) ſans compter des *effets* conſidérables, a commencé par Mr. le Maréchal de *** qui l'emmena avec lui à la guerre, & lui fit donner une penſion de plus de mille écus, par le Régiment dont il étoit Colonel. Ce Medecin garda longtems cette penſion. Neveu d'un homme qui avec peu de ſçavoir étoit devenu le *Philantrope* de ſon Univerſité, il ſe crut de bonne heure un grand Praticien. Il n'avoit cependant tout ſon mérite qu'en ſpécieux dehors de gravité & de ſuffiſance. Mais cela suffit pour se bien peindre dans l'imagination d'un homme sérieux, qui souvent ne pense point lui-même, mais qui veut qu'un Medecin ait l'air de refléchir: & l'on verra dans la suite, lorsque je parlerai des *Medecins Domestiques*, que ce qui seroit le chef-d'œuvre d'un homme d'esprit, je veux dire de plaire à toute une grande maison, n'est qu'un jeu, qui ne coute rien à un homme mysterieux, qui cache ses sottises & son ignorance sous le voile de la gravité. Une des plus belles femmes qui aient paru à la Cour, Madame la Duchesse de *** auroit volontiers deïfié ce mince enfant d'Esculape. Quelle penétration, disoit-elle! il voit mon mal de poitrine comme au travers du meilleur microscope, il connoît le point matématique, où mes douleurs & mes tubercules ont pris leur origine.

Mr. le Duc de *** étoit fortement persuadé qu'il lui avoit fait cracher un abcés par un trou fait au diaphragme. Si ce Medecin qui sans esprit avoit trouvé l'art de séduire à sa maniere, eut dit à ce valeureux Seigneur, Mr. vôtre santé dépend d'une trés lente mastication, vous ne pouvés mieux faire que de dire un *Pater* & un *Ave*, entre chaque morçeau que vous avalerés, ce Duc qui n'avoit peut-être jamais fait de prieres qu'au Dieu Mars, eut tous les jours religieusement prononcé celles-là. Il étoit dans cette illustre famille trop justement désolée, ce que Sigogne est à Mr. le Marquis de *Beaufremont*. Un *Douillet* l'a dit, *Sigogne l'a dit*, étoit un *dictum* d'une aussi grande autorité que celle d'*Aristote* avant *Descartes*. Mais, mon cher Fils, ce qui doit vous consoler, si quelque jour attaché par malheur à une grande maison, avec beaucoup d'esprit & de sçavoir, vous trouvés à peine un petit vuide favorable, dans des cœurs exactement remplis de prévention, c'est que tandis que chaque famille prône & éleve ſon Medecin, au deſſus de tous les autres, (comme chaque Régiment fait ſon Chirurgien) à deux pas de-là, dans l'Hôtel voiſin, on ne croit ſeulement pas ce grand Saint capable de guérir la gale, ou le *mal de Job*, tel que l'imagine le *P. Calmet*.

Vers l'âge de 60. ans, *Douillet* renonça à la pratique, & afficha en quelque ſorte qu'il ne feroit plus la Medecine, qu'en faveur de ſes amis. Cette politique n'eſt pas mauvaiſe, on n'en eſt que plus deſiré, moins importuné, & mieux paié. Eſt-ce là ce qui s'appelle un heureux caractere, parfaitement ſoutenu depuis la premiere, juſqu'à la derniere ſcéne? Je vous ſouhaite, mon Fils, à cet âge une auſſi belle retraite. Je dois ajouter au reſte que *Douillet* eſt un honnête homme, qui a toujours autant aimé à obliger, qu'à amaſſer de l'argent; mais un jeune Medecin qui lui a fait en mourant une banqueroute conſiderable, l'a un peu corrigé. Les vieux Medecins ſont quelque fois trop bons, & les jeunes ſont trop fins.

CHAP. XVII.

De l'Empereur JULIEN.

HUnauld qui connoiſſoit particulierement cet *Archiatre* (1), & par la protection du quel il alloit être Préſident d'une Academie de Medecins, (2) ſans la mort trop promte de *Julien*, *Hun-*

(1) Premier Medecin.

(2) Si *Julien* fut mort un mois plus tard, cette Academie eut été établie malgré la Faculté qui ſentoit combien cet Etabliſſement étoit préjudiciable à l'ignorance de ceux de ſes membres, qui n'auroient pû y entrer.

Hunauld m'a dit que cet Empereur avoit tant de vanité & d'orgueil, que, si son cocher fut venu lui dire, Mr., vous êtes le plus grand Medecin du monde, il ne doutoit pas qu'il ne lui eut répondu; mon ami, puisque tu t'y connois si bien, il faut que tu sois toi-même un grand Medecin.

Voilà le fond du caractere de *Julien*; en voici les suites. Il parloit peu par orgueil, (& aussi mal qu'il écrivoit, comme on le verra dans la suite) sec, dur, brusque, il n'avoit ni la complaisance de *Philantrope*, ni le manege de *la Forest*. Telle étoit sa rigueur misantropique, qu'il nioit quelque fois le sentiment même qu'accusoient les malades, & que peut être ils avoient réellement. La constance inébranlable avec laquelle il suivoit le plan qu'il avoit une fois formé, les encourageoit, plus qu'elle ne fait honneur à l'*Empereur Julien*, aux yeux de ceux qui connoissent le fondement d'une telle conduite. Elle ne suppose point ici la *justesse du coup d'œil* si vantée par son Panégyriste, mais plutôt un génie systematique, du quel partoit cette funeste fermeté, génie dont la nature est de ne jamais perdre de vûe le principe qu'il a une fois forgé. Or un tel génie, si l'on veut qu'il excelle, est-ce dans l'art de guérir, ou de tromper les autres & soi-même philosophiquement?

Quiconque ignorant la vraie maniere de Philosopher, ne peut résister à la démangeaison de bâtir des Hypothéses, fait nécessairement la Medecine, en consequence de ce qu'il a imaginé, & s'il est aussi rempli d'amour propre que *Julianus de Chiriacis*, ou *Chiriacus de Julianis*, quels ravages un Medecin Celebre ne doit il pas faire durant 60. ans de pratique? Certes plus un tel génie a d'étendüe & de sagacité, plus il est dangéreux, parce qu'il tire une foule de consequences qui peuvent être justes, mais qui péchent toutes par leur premier principe trop gratuitement ſuppoſé ; & c'eſt ainſi que le public doit craindre juſqu'à l'eſprit des Medecins auxquels il donne ſa confiance. Mais, mon cher Enfant, raſſurés vous ; il n'y a plus rien à craindre de la doctrine *Chiracienne*, j'en ai trouvé l'Antidote, & à cauſe des *bruians* hommages qu'on lui rend, j'en doublerai la doze. Je prouverai que *Julien* n'étoit qu'un mauvais Philoſophe, pauvre d'expériences phyſiques, riche en faits imaginaires, en rêves qu'il prenoit pour des réalités, parce que, comme *Duſaut*, il n'avoit pas beſoin de dormir, pour rêver. On verra, qu'outre le Cartéſianiſme, qui avoit été ſon premier lait philoſophique, *Aliment* qu'il a aimé juſqu'à la mort, il a toujours adopté & chéri, autant que *Cryſologue* même, les plus fauſſes & les plus ridicules Hypothéſes de ces mauvais Chimiſtes qui ont precedé le Grand *Boerhaave*, & qu'enfin *Julien* n'a pas plus connu le vrai chemin de la Medecine, que de la Philoſophie, & que d'ailleurs il avoit fort peu d'eſprit hors de ſa Sphére, & même lors qu'il croioit briller le plus par la gentilleſſe & la legereté, comme dans ſa Diſpute avec *Vicuſſens*.

Mais il n'eſt pas le tems de s'étendre ſur toutes ces choſes ; ſi *la Foreſt* vivoit, il s'impatienteroit de ne voir point arriver ſon portrait. Le voici.

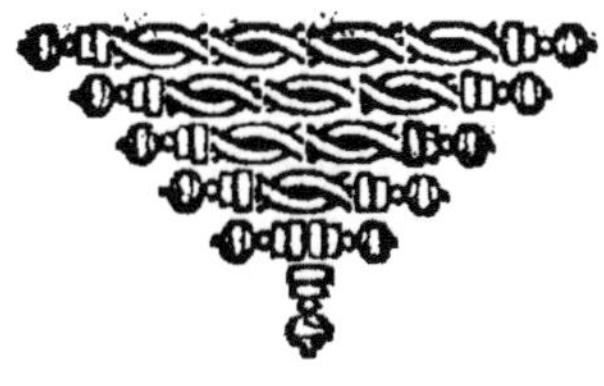

CHAP. XVIII.

De LA FOREST.

MAis quel est ce Medecin, qui fait entrer son Carosse avec tant de bruit, jusqu'au fond des Cours, qu'on soutient, lorsqu'il descend, & qu'on porte en quelque maniere jusqu'au grand escalier? C'est *la Forest*. Les beaux chevaux! & avec quel art le cocher les fait piafer & tourner plusieurs fois par ordre du Maître; le bruit qu'ils font, annonce ce brillant personnage, & ne l'empêche pas de s'arrêter à deux pas, pour parler d'affaires sérieuses avec un de ses Confreres, ou du moins pour en paroître occupé. Mais voilà une femme de chambre qui passe, il s'interrompt pour aller au devant d'elle & lui demander des nouvelles de sa *belle santé*. Que de *jolies* choses il lui dit! avec quel air riant, il la suit à perte de vûe. Il revient enfin, & réprend le fil de sa conversation par l'usage des *souris d'amitié*, & l'utilité des attentions, des politesses, & même des réverences. Faisons toujours, dit-il, un bon accueil aux femmes de chambre, elles nous le rendront bien à la toilette de leurs Maîtresses. Il faut *semer les petits soins*, & *accorder la petite oye* à tout le monde, on en recueille tôt ou tard le fruit.

Il faut vous peindre de vives couleurs ce *la Forest*, ainsi francisé dans une Comedie de *Boissy*, qui, si je ne me trompe, dans une autre piece, a changé le nom d'*Esope* en celui de *la Joie*, Medecin qui vient yvre sur le théatre, comme celui-ci l'est quelque fois dans les coulisses. Il a dejà été peint ailleurs sous le nom de *Jean de Gaddesden*, parce qu'en effet il resſemble beaucoup à ce grand Charlatan du XIII. ſiécle, comme *Eroſiatre* l'a été ſous le nom de *Bayle*, autant que j'en puis juger. Il faut vous faire voir que *la Foreſt* eſt un autre homme que *Gaddesden*, & que ſi *Julien* a favoriſé la cuiſine moderne juſqu'à ſe faire un plaiſir flatteur d'immortaliſer ſon nom par celui des *Ragoûts*, *la Foreſt* a autant ſurpaſſé le Cuiſinier François en pharmacie, que *F.* & tous les Singes de *Séneque*, ou plutôt de *Pline* le jeune, en bel eſprit.

La Foreſt étoit le vrai Medecin de l'imagination, & du goût, ou plutôt du Palais, pour ôter toute équivoque, *Medicus ad Palatum*, comme porte le titre d'un livre fort rare. Si *Gaddesden* ne preſcrivoit aux gens de qualité, & principalement aux Dames, que les remedes les plus précieux, les plus agréables, & tout ce qu'il y avoit de plus rare & de plus recherché, dont il doubloit toujours la doze pour les perſonnes riches, ſi cet empirique pour faire ſa cour, ſemble donner dans les préjugés les plus à la mode, *la Foreſt* donnoit des conſeils auſſi ſinguliers, & qui ne plaiſoient pas moins. L'un ordonnoit pour la Paralyſie des *peaux de Renard*, dont il enſeignoit la préparation; le *Coucou* pour l'Epilepſie; le *Spica-Nard* pour l'Hydropiſie; le *ſang de Belette*, la *fiente de Pigeon*, & ce qu'il préfere à tout dans les cas deſeſperés, l'attouchement des mains Royales, pour les Ecrouëlles; un centuron de *peau de Veau marin*, dont la *boucle* fut faite d'*os de Baleine*, pour la Colique; le *ſang Dragon* pour le Cancer; enfin, (car je paſſe ſur bien des conſeils habilement ſuperſtitieux,) s'il enveloppe tout le corps, dans la petite Verole, d'un drap rouge, s'il veut que les rideaux du lit, des fenêtres, & tout l'ameublement ſoit rouge, affirmant ſon grand Dieu, que c'eſt le vrai ſecret de n'être jamais marqué; L'autre conſeilloit les *peaux divines* pour la Paralyſie; le *ſachet d'Arnould* pour l'Apoplexie, à ceux qui y avoient foi fur les relations publiques, ou fur le témoignage *paié* de l'Abbé *des Fontaines*; de la *foie cramoifie*, ou du *pourpre* dans un œuf, pour la petite Verole, (fi quelque femmelette prônoit cette vieille pratique connûe de *Gaddesden*,) ce qu'il accordoit volontiers, pourvû qu'on lui permit la faignée du pié. On trouve dans fes Confultations imprimées, le *remede du frere Julien Auguftin*, qu'il préfere à tout, & comme une derniere reffource, dans l'Hydropifie. Il ordonnoit le *fang de Bouquetin* pour la Pleurefie; le *nid d'irondelle* au tour du col, dans l'Efquinancie; la *decoction de poux*, dans la jauniffe; il n'a jamais préfcrit de quinquina en écorce, depuis la découverte commode de Mr. *de la Garaye*; il eut fait venir de *Rennes* & de *Bordeaux* les freres *Luces*, Moînes empiriques qui y font en réputation; il eut envoié aux eaux de *Bareges*, pour la pierre, fur la foi d'un de fes compatriotes, qu'il regardoit comme un Vifionaire; aux eaux de Baths, plutôt qu'à *Aix-la-Chapelle*, pour la fécondation: & comme *Gaddesden* fe fut mis à la tête des *Inoculateurs*, felon le jugement de *Freind*, *la Foreft* eut auffi volontiers changé avec le goût des François, fi le plus bel efprit du fiécle, trop partifan des Anglois, qui ont eux-mêmes abjuré leur fyftême, eut pû enhardir fa nation, qui toute folle qu'elle eft, ne l'a pas été affés pour l'en croire. Mais le zêle du bon Citoien excufe aifément un homme illuftre qui ne fçait pas la Medecine.

Les talens de *la Foreft* ne fe bornent pas là. Il encourageoit les enfans à boire le *remede de M.lle Stephens*, non feulement en leur donnant beaucoup de *bon-bons*, mais en leur faifant faire cette finguliere priere; „ Mon Dieu qui avés „ tant fué dans le Jardin des Olives, pour boire „ le Calice, je fuis fûr que vous n'auriés jamais „ avalé cette deteftable boiffon. „ A d'autres il avoüoit franchement qu'il falloit toujours enfin tailler ceux qui avoient deja été crucifiés par cette liqueur. Une jeune fille le consulte sur sa grande maigreur ; il faut, disoit-il, recevoir la transpiration d'une personne saine & vigoureuse, d'un sexe different du vôtre ; c'est ainsi, ajoutoit-il, en faisant allusion à *Sydenham*, qu'on applique sur le ventre dans la Colique, des chiens, on des chats ouverts vivans. Une autre avoit eû un instant de foiblesse qu'il falloit cacher, dont elle vouloit promtement arrêter les suites, ou le poison l'eut vangée de la perte de son honneur ; consolés-vous, ma chere enfant, disoit-il, en la prenant par dessous le menton, tenés, usés de cette recette, elle a rendu plus d'un service essentiel au beau sexe.

Gaddesden apprenoit aux Dames la maniere de faire des *eaux de senteur*, des *pomadës pour le teint*, le *lait Virginal* pour les rousseurs &c. *La Forest* poussoit plus loin ses doctes recherches, il sçavoit l'art de peindre les sourcils, les cils, de changer la couleur des cheveux, & enfin, ce qui est le plus grand objet de la galanterie, d'angustier le Diametre de ces parties qui effarouchent les petits amours. Le moien de n'être pas le Medecin & de l'amant & de la maîtresse, quand on cherche aussi efficacement à augmenter leurs plaisirs !

La Forest étoit le Medecin des Dames, non seulement pour la raison que je viens de dire, mais parcequ'il s'étudioit à faire passer en Medecine tout l'art de la cuisine moderne. Chés lui, les gens riches n'avoient à essuier aucuns de ces dégouts, faits pour le petit bourgeois & pour les pauvres. Ses boissons étoient agréables, & même quelquefois délicieuses, ses purgatifs étoient au citron & à la fleur d'orange ; jamais *le Seigneur Jupiter* n'a si bien *doré la pilule*. S'il eut été Medecin du Roi, il eut inventé une Medecine Roiale. C'est ainsi que *la Forest* poussoit à l'excés des soins, trop negligés par ses Confreres.

La Charlatenerie de son babil répondoit à tout cela; „ Madame vous vous ennuiés du lait, „ vôtre goût est usé pour tous les laits (& en „ cela *vôtre estomac est d'accord avec vôtre goût*,) „ un suc aussi doux, aussi fade, n'est pas digne „ de le reveiller, mais plutôt de l'endormir en „ quelque sorte, à force de l'émousser. D'ail- „ leurs vous êtes *si bileuse*, que je ne suis pas „ surpris d'apercevoir deux ou trois grumeaux „ laĉtés dans vos *Selles dorées*. Eh bien, M.e, „ vous avés raison, il faut le quitter, nous y „ reviendrons toujours, quand la nature nous „ fera signe qu'elle le veut bien. Essayons la „ petite pointe d'opium, divine drogue qui nous „ a été envoié du Ciel pour l'Antidote de l'a- „ gacement des nerfs, & la *consolation* des „ viscceres irrités. L'opium vous échaufe-t'il, „ même dans le *Diacode*? Il faut se rabattre „ sur une autre espece de syrop naturel, c'est le „ miel de *Narbonne* que *Made. de Sévigné* a bien „ raison de conseiller à sa fille, au lieu de sucre, „ dans son Caffé, & qui est en effet un autre „ petit *Consolateur* à sa maniere „ &c. Car c'en est assés pour faire connoître l'adresse avec laquelle cet empirique varioit tous les *pectoraux* & les *Antiphtysiques*, & qu'il n'est pas surprenant que les *Poitrinaires* allarmés par sa mort, n'aient pas cru lui survivre six mois.

Le même manege étoit tout aussi habilement emploié, pour prévenir l'ennuieuse uniformité de tous les autres genres de médicamens, qu'il changeoit aussi legerement, que ses conversations. *Géofroi* vous dira qu'il remuoit toute sa boutique pour le moindre mal, & que peu de Medecins ont la même ressource en pharmacie. Moyennant quoi il entretenoit un long commerce avec ces femmes *Vaporeuses*, *Hysteriques*, & avec ces hommes *mélancoliques*, ou *Hippocondriaques*, que *Moliere* appelle de *bonnes vaches à lait*.

Des malades qui l'étoient si peu, n'avoient pas besoin d'un plus sçavant Medecin, & ils n'auroient pas trouvé la même gentilesse, ni les mêmes agrémens d'une imagination badine, dans l'esprit le plus *obligeamment distillé* de toute la Faculté. La maladie venoit elle à augmenter considerablement ? Un diseur de bons mots, souvent méchans (1), ne suffisoit plus, on lui associoit son Confrere le *Somnambule*, à qui, par deference pour son expérience & son ignorance, il laissoit juger les procés, & ne faisoit jamais le *Physiologue*, lui qui avec tout le monde avoit la fureur de vouloir tout expliquer.

J'avois dessein de parler du bel esprit de *la Forest*, mais cela me meneroit trop loin, & je le reserve pour une plus favorable occasion. J'ai encore à peindre l'Auteur, l'Homme, & le Medecin galant. Le premier article sera court.

Le principal ouvrage de ce Juif de race Portugaise, est son *Traité sur les differentes sortes de Saignées* &c. Plusieurs Medecins & Chirurgiens connus, l'ayant mis en poudre, l'Auteur, (qui ne devoit pas plus compromettre sa réputation, qu'un homme riche ne doit exposer sa vie, l'epée à la main) songea sérieusement à reparer son honneur cruellement flétri. C'est

---

(1) En voici un. Dans la maladie de Monsieur le D. ***, qui étoit une *Parotide*, un grand Prince lui demanda ce que c'étoit que mon Confrere *Sálé*; Mgr. répondit *la Forest*, ,, c'est un Chirurgien, qui, parce ,, qu'il a parfaitement attrapé quelques unes de mes ,, plus affreuses grimaces, se croit aussi grand Mede- ,, cin, que *Ropenusila*.

pourquoi il engagea *Bertin* & **Clairaut**, deux hommes excellens dans leur Sphére, à prouver, l'un par l'Anatomie, l'autre par la Géometrie, la vérité de sa doctrine sur la *révulsion* & la *dérivation*, & de quelques mesures mal prises sur certains vaisseaux. Mais malgré tant de travaux, dont j'ai quelque fois été témoin, & le coup d'œil de *la Forest* sur les résultats des épreuves, le louangeur B.*** convient qu'on n'a rien trouvé à la mort de ce frivole Écrivain, que des morçeaux décousus qu'on n'a pû rassembler. Je ne parle point de ses *Observations sur la petite Verole*, on ne les trouve plus que chés l'Epicier, où elles font compagnie à celles d'*Erosiatre*, & B. *** a beau les faire reimprimer, il ne les tirera pas de l'éternel oubli, où est condamné tout livre, qui n'apprend rien de nouveau aux Sçavans. Je dois à plus forte raison *passer l'éponge*, suivant le langage de *Julien*, sur les consultations de *la Forest*, qu'il n'a regardées sans doute lui même, que comme des ouvrages lucratifs, ou des friponeries Médicales, qui ne sont pas faites pour duper ceux qui se portent bien.

Voilà l'Auteur, & voici l'Homme. On jugera de sa vanité par ce trait. Mr. de la M. *** qui étoit assés simple, pour croire qu'on l'aimoit beaucoup, parce qu'on le lui témoignoit d'une maniere démonstrative, s'avisa de dédier à *la Forest* sa traduction des *Institutions de Boerhaave*, dans l'espérance de s'en faire un appui; il eut la politesse de lui lire sa dédicace, avant qu'elle fut portée chés l'Imprimeur. Que faisoit *la Forest*, tandis qu'on lui cassoit, pour ainsi dire, les dents, à coups d'encensoir? Il méditoit de plus grands Eloges; mais comme il n'osa pas faire lui-même son Panegyrique, en présence d'un homme qui s'en étoit chargé, il lui donna le tems de s'en retourner chés lui, où quelques heures aprés Mr. de la M. *** trouva ce billet de la main de *la Foreſt*. „ Vous avés „oublié, Mr., que le Roi vient de me faire „l'honneur de me donner ma nobleſſe, & que „*Mr. Boerhaave* a fait reimprimer lui-même à „*Leyde* mon *Traité des Saignées*. Completés „donc, je vous prie, mes qualités par le titre „d'Ecuyer, & ne me privés pas du ſuffrage le „plus flatteur. Au reſte, Mr., on ne peut a„voir plus d'eſprit que vous en avés, & l'on „verra bien que c'eſt vôtre pinceau, & non ce„lui de la verité, qui a fait mon portrait dans „vôtre *jolie Dédicace*.

C'eſt ainſi que *la Foreſt* pour être flatté, étoit lui-même le plus vil des flatteurs. Homme vain, il ne donnoit point d'Eloges, on peut dire qu'il les prêtoit, à condition qu'on les lui rendroit au Centuple: Homme faux, jusqu'au fond du cœur, on étoit toujours la dupe de toutes ſes plus fortes proteſtations, & ſur-tout les gens de mérite, qu'il voioit d'un œil jaloux dans un avenir, qui étoit pour lui tranſparent: ainſi il étoit juſte qu'ils fuſſent les premiers trompés.

Ce pauvre *Hunauld* connoiſſoit tous les viſages de ce cœur perfide; il me diſoit quelque fois, „ *la Foreſt* vient de m'accabler d'amitiés „& de careſſes, je le crains d'autant plus dans „les maiſons où l'on dira du bien de moi. „ Heureux qui, comme *Riboë*, ne pouvoit être que ſon petit Copiſte, ou ſon mauvais Singe, & dont le contraſte avantageux devoit ſervir d'ombre & de luſtre au brillant de ſon eſprit! Le diſtributeur de la racine du Bréſil étoit cauſe de la Fortune de *la Foreſt*, mais celui-ci étoit trop fin pour ſervir d'habiles gens, qui auroient pû le ſupplanter, comme il avoit cherché à nuire lui-même à ſon propre Mécene, qu'il traitoit de Charlatan. La plûpart des Medecins reſſemblent à celui-ci; jeunes Docteurs ne comptés point ſur les vieux, à moins que vous n'ayés l'avantage d'être ſots (car ſérieuſement c'en eſt un).

Tant d'adresse, de ruses, & de manége, étoient les sûrs garans de la fortune d'un aussi habile empirique. Aussi avoit-il gagné de grands biens, avant la mort de sa femme; mais comme la chrêtienne aimoit à vanger les maris, que le sien avoit *cocufiés* & qu'elle n'étoit pas faite, pour ne pas paier tous les frais de la galanterie, elle ruina le Docteur par sa prodigalité, & le laissa presque sans un sol. *Dom cocuage* n'étoit pas un être, à faire peur à un homme de l'éducation, & du caractere de *la Forest*. Sans être Philosophe, il avoit du moins cette Philosophie commode, que donne l'usage du monde, & qui rend heureux dans le Sacrement, tout Epoux raisonnable. Mais tout ce que lui coutoient les plaisirs de Madame, lui mettoit le poignard dans le sein. Dans son desespoir, il s'abandonnoit aux réflexions les plus ameres, lorsque cette Maîtresse qui le ruïnoit, sans être la sienne, vint à mourir. Ce seul évenement pouvoit le consoler de n'avoir pû succéder à Mr. *Chirac*, malgré les 100000. livres promises à la Princesse de ***, & qui, comme le doüaire de sa femme, étoient fondées *sur les broüillards de la Seine.* „ Je ne suis plus, disoit-il, (1) Medecin du „ Roi, mais ma femme est morte, ç'eut été „ trop de bonheur à la fois. „

Finissons par le portrait du Medecin Galant, il l'a été jusqu'à l'indécence & l'impureté.

Ambroise Paré, ce fameux Chirurgien de plusieurs Rois, s'étend beaucoup sur la maniere de faire *une petite Créature de Dieu*. A quoi servent tant de discours & tant d'art, où il ne faut que faire sentir la nature? Tous les Ecrivains qui, comme *Venete*, ont embelli le *tableau de l'amour Conjugal*, & ont tout mis en

---

(1) Il en reçut les complimens durant 3. jours.

œuvré pour attirer les Célibataires au 7e. Sacrement, par l'attrait du plaisir, tous ces voluptueux sont inutiles ici. D'un seul geste, d'un seul mot, *la Forest* enseignoit tout, Théorie & Pratique, aux filles, comme aux femmes. Il disoit aux femmes froides, avec M.e de *Sévigné*, dont il copioit toujours les phrases précieuses, ou ridicules, mais vraiment, M.e ,, il faut que ,, vous ayés un temperament de citroüilles fri- ,, cassées dans de la Neige; cela ne peut se con- ,, cevoir, quoi, comment? A vôtre âge, bel- ,, le, & bienfaite comme vous êtes, est-il pos- ,, sible que vous ignoriés encore tout cela, & ,, que vôtre petit doigt ne vous ait jamais rien ,, dit? Tenés, grande innocente, laissés-moi ,, vous montrer, c'est-là l'endroit sensible, & ,, le siége du plaisir, il ne demande que le plus ,, petit secours pour favoriser les vœux & les ef- ,, forts, sans cela inutiles, d'un mari charmant ,, qui vous adore. . *Petrie* par les mains de l'a- ,, mour, dans le siécle galant où nous vivons, ,, comment encore une fois vos sens sont-ils si ,, engourdis, si muets à la voix du desir, qui se ,, fait entendre dans les plus jeunes filles, dés ,, qu'elles sont nubiles? pourquoi vos nerfs sont- ,, ils si tardifs à ressentir les plaisirs que vous ,, m'inspirés à moi-même, comme à tous ceux ,, qui vous voient?

,, Combien de bonnes fortunes m'ont valu ,, ces petites scénes de l'amour-Medecin ,, ajoutoit ce vilain Juif, en faisant des grimaces qui ne devoient pas donner envie aux femmes, de lui en voir faire d'autres! Il les nommoit, avec toute l'indiscretion d'un petit-maître, sans respect, ni pour rang, ni pour dignités, & se vantoit des faveurs mêmes, qu'il n'avoit pas demandées. Telle étoit sa conversation favorite, que l'amour propre n'abrege pas pour l'ordinaire.

Mais avec certains dehors, jusqu'à quel point un visage tourné au sérieux, & un esprit adroit

& insinuant ne peut-il pas en imposer ! *La Forest* n'avoit besoin que de sa propre confiance, pour tirer parti, ou plutôt pour abuser de sa profession. Une femme aimable lui disoit-elle, „ mon „ Dieu, Mr. je ne sçais ce que je sens dans le „ bas ventre, au fond de la *partie* même, mais „ ce sont des mouvemens singuliers, de ma ma„ trice sans doute, car alors il me monte quel„ que chose, je deviens rouge, tremblante, je „ suis dans des états..... La matrice, répon„ doit-il, est une espece d'animal fort singulier, „ qui se remüe dans le Célibat, & encore plus „ dans le veuvage; il exprime ses desirs & ses „ besoins par certains mouvemens qu'on sent „ mieux, qu'on ne peut les définir; tel est son „ langage, muet d'abord, il se fait entendre peu „ à peu, & la matrice parle enfin à haute voix, „ si on ne lui répond rien. En tout cela, Ma„ dame, ce ne sont que ses propres droits, que la „ Nature revendique, & vous vous refusés vous„ même, en ne lui accordant rien. „

Cette autre parle de démangeaisons, de petits boutons extérieurs, de fleurs blanches, qui l'écorchent, qui l'empêchent de marcher, & donnent une espece de chaude-pisse qui exige beaucoup pour sa guérison, puisqu'il faut que la femme se passe de son mari. Vous dévinés le résultat de toutes ces consultations. Toute femme, qui accusoit ces petits secrets de Nature, étoit sur le champ exposée aux regards avides du Docteur impur & lascif. Discours pleins de molesse & de volupté, examen curieux, tact libertin, chatouillemens impudiques, il ne faisoit aucunes graces dans le tête à tête; sa gravité les lui eût reprochées; à l'abri de ce mistere, on trouve tous les jours en Medecine des sentiers couverts, qui conduisent aux plus grandes faveurs.

La Forest prétendoit que tout cela n'étoit que de petites privautés de l'art, par lesquelles on ne pouvoit déplaire aux femmes ſenſibles, mais qu'il falloit aſſaiſonner le maniement de propos bien aſſortis, de complimens, & de politeſſes, pour tout ce qu'on touchoit. „ Il ne faut pas dire, racontoit-il un jour chés lui, „je m'oriente, „ (en mettant le doigt en certain endroit), com-„ me ce vieux Paillard *Mr. Fagon*, mais il faut „ dire, j'en ai bien vû, mais je n'en ai jamais „ vû de ſi petit. Si ce n'eſt que le ventre que „ vous tâtés, ajoutoit-il, ſouvenés-vous de ne „ jamais le trouver mol; cela m'eſt une fois in-„ diſcretement arrivé, l'amant étoit caché dans „ la ruelle, je fus remercié le lendemain, la „ femme de chambre me fit connoître mes torts, „ & depuis ce tems je me ſuis corrigé; je n'ai „ jamais dit; *le ventre eſt mol*, mais toujours, „ le *ventre eſt ſatisfaiſant*. C'eſt qu'il eſt en ef-„ fet, pourſuivoit ce coquin de Medecin, de la „ politeſſe d'un homme par qui une jolie femme „ ſe fait patiner, de faire l'éloge de tout ce qu'il „ touche, ou du moins un petit compliment à „ la maniere du pays, comme *Sanctus Romanus*, „ cet Ex-Chirurgien chaſſé du Port-Loüis, au-„ jourd'hui Medecin empirique à Vannes, qui „ d'un ſeul coup de filet prit les tetons de trois „ dévotes, ſous prétexte de chercher le ſiege de „ la douleur; elles le laiſſerent faire tout à ſon „ aiſe, parce qu'il diſoit ſans ceſſe, „ morbleu „ qu'ils ſont durs, je n'en ai jamais vûs de cette „ fermeté.

Tel eſt l'abus que *la Foreſt*, & tant d'autres Medecins impudiques, font de leur profeſſion, en ſe ſervant indignement de la ſimplicité des malades, qui croient néceſſaires, des attouchemens dont le plus ſouvent on peut ſe diſpenſer; & même on le doit, ſur-tout lorſqu'on eſt jeune, ſi ce n'eſt dans le beſoin. Le beau ſexe eſt reſpectable, on doit lui épargner juſqu'à la moindre inquiétude.

Voilà le portrait de cet homme ſuperficiel par

rapport au vrai sçavoir, profondément versé dans l'empirisme, bel esprit précieux & ridicule, comme on le fera voir, cœur faux, & dont enfin le caractere forme un parfait contraste avec celui de *Julien*. Ils ont cependant joué l'un & l'autre un grand rôle dans Paris, & la raison en est simple. L'art de plaire, ou plutôt ce don de l'heureuse Nature, séduit les esprits, comme l'orgueil & tout ce qui leur en impose. Le peuple veut être trompé, & les Medecins réüssissent à le satisfaire pleinement par les moiens les plus opposés.

Je ne sçai si quelques uns de ces portraits, seront trouvés dignes d'être un jour inserés dans la continuation de l'*Histoire de la Medecine*, non qu'on prétende qu'ils puissent se comparer avec ceux qui ont été tracés par des Historiens du mérite de *Freind*, ni servir à autre chose qu'à faire voir quel protée est l'empirisme, & sur quelle fertilité de moiens différens, sont fondés ses succés dans tous les siécles : mais il est certain que la matiere est fort intéressante par elle-même, aux yeux d'un Philosophe, & principalement pour ceux qui voudront courir la même cariere. Il n'y a sans doute que la maniere peu agréable, dont ce sujet aura été traité, qui puisse en diminuer le mérite.

CHAP. XIX.

Embarras qui reste aprés tant d'illustres exemples, ou conclusion de cette Partie.

VOilà, mon cher Fils, les heureux originaux que je voulois vous faire connoître, & dont tous les siécles nous fournissent des Copies. Vous me demandés si vous réussirés, en suivant ces modéles. Hélas !

qu'en ſçai-je ? Peut-être qu'oui, peut-être que non. La voie du ſçavoir & de la probité vous paroît plus convenable & plus digne d'un homme bien élevé. Vous penſés juſte, mon Fils, & de tels ſentimens font honneur au cœur & à l'eſprit. Mais ce n'eſt pas la route la plus ſûre, elle en a perdu cent, pour un ou deux, qu'elle a menés au port. Tout ce que vous coutent vos voiages & vos études, ne rentrera peut-être jamais par des moiens ſi ſimples & ſi ſages. Quel parti prendre ? Encore une fois, mon Enfant, je l'ignore, l'embarras eſt bien grand.

Eſſaions de diſſiper tant d'incertitude, même au hazard de l'augmenter. Pour y réuſſir, il faut que vous connoiſſiés le tronc de la Medecine, avec toutes ſes branches, ſoit propres, ſoit étrangeres. Ces branches ont quelquefois conduit à la réputation & à la fortune.

Voions donc quelle utilité, quelles reſſources vous pourriés trouver, non ſeulement dans l'Anatomie, dans la Botanique, dans la Pharmacie, dans la Chirurgie, dans la Chymie, mais dans la Géometrie, dans la Phyſique, dans la Litterature & dans le bel eſprit. Aprés quoi je vous ferai connoître les Hommes, dans les Medecins, dans les Malades &c. Aprés la permiſſion, ou plutôt l'excuſe que j'ai demandée aux Medecins en forme d'*Epigraphe*, au frontiſpice de ce Livre, je puis dire avec un Poëte :

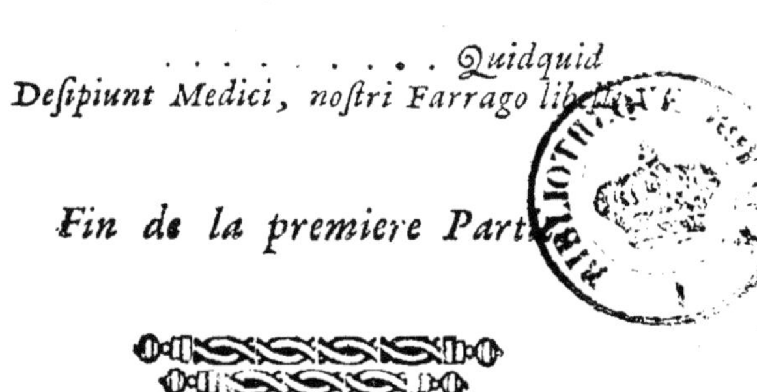

. . . . *Quidquid*
Deſipiunt Medici, noſtri Farrago libelli.

Fin de la premiere Partie.

www.ingramcontent.com/pod-product-compliance
Ingram Content Group UK Ltd.
Pitfield, Milton Keynes, MK11 3LW, UK
UKHW020343180726
13839UKWH00002B/885